Elisabeth von Österreich, geboren am 24. Dezember 1837 in München, ist am 10. September 1898 in Genf gestorben.

Der Mörder stieß ihr eine Feile ins Herz, ohne sie dabei anzusehen – eine Ironie des Schicksals. Denn Elisabeth von Österreich, die Tochter von Max, Herzog von Bayern und Herzogin Ludovika, die Kaiserin von Österreich, litt an einer Blickphobie. Hatte sie sich nicht einen raschen, schmerzlosen Tod gewünscht? »Ich möchte nicht in meinem Bette sterben«, so sagte sie dem jungen griechischen Studenten Constantin Christomanos, den sie sechs Jahre vor ihrem Tod als Vorleser, Lehrer und Reisebegleiter auserwählt hatte.

Wie Eckermann einst Goethes Worte, so notierte auch Christomanos mit Gewissenhaftigkeit, was die Kaiserin, die offenbar ein tiefes Vertrauen zu ihm gefaßt hatte, mit ihm besprach. Diese Tagebuchblätter fungieren als eine Art Sprachrohr der verkannten, zur Sissi stilisierten, aber doch zu Sarkasmen neigenden Kaiserin.

Sie sah die Welt ihrer Zeit illusionslos: »Heutzutage kommen Nationen und Privatleute nur vorwärts, wenn sie skrupellos sind.« Den Zerfall der Monarchie ahnte sie: ... »In sechzig Jahren werden Glück und Friede, d. h. Freiheit auf unserem kleinen Sterne, so wenig wie heute heimisch sein. Nur eine Sprache, nur eine Religion brächte den Weltfrieden unendlich näher.«

Neben ihren Heinrich Heine nachempfundenen Gedichten sind die Tagebuchblätter das persönlichste Zeugnis dieser einsamen, schwermütig gewordenen Monarchin. Die Tagebuchblätter wurden kurz nach ihrem Tod zuerst in Wien, später in Paris veröffentlicht und haben letztlich die Sissi-Legende erst richtig in Gang gesetzt. Ob sie aus der historischen Distanz heraus bei allen Stilisierungstendenzen des Autors auch als Dokument gegen diese Legende gelesen werden können? Jedenfalls sind sie eine Ergänzung zum alten und neuen Sissi-Kult, der in Wien durch das Musical von Harry Kupfer im Ronacher-Theater einen Höhepunkt erreicht hat.

insel taschenbuch 1536

Elisabeth von Österreich

Die junge Kaiserin: Elisabeth von Österreich auf einer frühen Fotografie, 1859

Elisabeth von Österreich

Tagebuchblätter von
Constantin Christomanos

Herausgegeben von
Verena von der Heyden-Rynsch
Mit Beiträgen von Ludwig Klages,
Maurice Barrès,
Paul Morand und E. M. Cioran
Mit zeitgenössischen
Abbildungen

Insel Verlag

insel taschenbuch 1536
Erste Auflage 1993
Insel Verlag Frankfurt am Main und Leipzig

Lizenzausgabe mit freundlicher Genehmigung
der Matthes & Seitz Verlag GmbH, München
Hinweise zu dieser Ausgabe am Schluß des Bandes
Vertrieb durch den Suhrkamp Taschenbuch Verlag
Umschlag nach Entwürfen von Willy Fleckhaus
Satz: MZ Verlagsdruckerei GmbH, Memmingen
Druck: Nomos Verlagsgesellschaft, Baden-Baden
Printed in Germany

1 2 3 4 5 6 – 98 97 96 95 94 93

Inhalt

Anhang

Als »Sissi« idealisiert: »Kaiserin Elisabeth auf Korfu«, Gemälde von Friedrich August von Kaulbach, 1898

Vorwort

Legendengestalten umgibt meistens eine Aura, die sie undurchdringlich wie eine stählerne Rüstung einschließt, ihnen einen bestimmten Interpretationskontext zuweist und jeden Annäherungsversuch an den eigentlichen Kern schier unmöglich macht. Um so gefährlicher kapselt diese Aura eine historische Gestalt ein, die von ihrer gesellschaftlichen Stellung her die Aufmerksamkeit der Zeitgenossen und der Nachwelt auf sich gelenkt, aus eigenem Willen aber sich unentwegt deren Blicken zu entziehen versucht hat.

Über Elisabeth von Österreich ist vieles geschrieben, überliefert, imaginiert worden: klischeehafte Biographien, Zeugnisse derer, die ihr nahestanden und aus ehrfürchtiger Verehrung ihr Image idealisiert einseitig oder verständnislos verzerrt gezeichnet haben, rührselige Filme, süßliche, dem Märchenkanon folgende Backfischbücher etc.

Schon zu ihren Lebzeiten war die enigmatische Kaiserin eine Legende geworden. Ihre Weigerung, den öffentlichen Funktionen ihres »Amtes« nachzugehen, ihre abwehrende Gebärde dem Leben gegenüber, ihre Rastlosigkeit, das ständige Fliehen vor dem Wiener Hof, ihre Überspanntheit, der eine Mischung aus tiefer Verletzbarkeit und Wissen um die eigene Einzigartigkeit zugrunde lag, der Kult, den sie ihrer sagenhaften Schönheit zukommen ließ, die Widersprüche ihres Wesens, schließlich auch die nach außen hin verblüffende Veränderung der sonnigen, am Anfang ihrer Ehe lebensfrohen Sissi zu einer exzentrischen, manchmal spöttelnd provozierenden, fast sarkastischen, manchmal gütig verstehenden, stets aber sich entziehenden, tief melancholischen Desillusionierten. All dies macht sie unnahbar und fesselnd zugleich. Das immense Leidpotential, das sie in sich trug, erfuhr seine größte Herausforderung durch den schrecklichen Tod ihres einzigen Sohnes, des Thronfolgers. Der schon immer in ihr latente Todeswunsch vertiefte sich; dazu trat eine Neigung zum Spiritismus, der sie uneingeschränkt nachgab, bis sie schließlich nach Jahren großer Einsamkeit, unermüdlicher Irrfahrten quer durch Europa unter dem Pseudonym einer Gräfin von Hohenembs, selber Opfer eines um so tragischeren, weil fast zufälligen Mordes wurde.

Wie hätte solch eine verwirrende Erscheinung für viele nicht zu einer Legende werden sollen? Schriftsteller huldigten ihr in Gedicht (Stefan George) und Prosa (Theodor Fontane, Karl Kraus, Peter Altenberg, D'Annunzio, Hugo von Hofmannsthal als Übersetzer, Bertha von Suttner). Der Historiker hat es viel mühsamer, er muß behutsam die Verwebung von Legende und Kenntnis des Gewesenen, von politischen und psychologischen Komponenten auseinanderlegen, Diskrepanzen beleuchten, ohne sie voreilig aufzuheben. Diese Aufgabe ist in der letzten Zeit Brigitte Hamann vorzüglich gelungen. Wenn wir heute »Sissi« besser kennen, verstehen, dann verdanken wir es zweifellos Frau Hamanns umfassender Biographie (1982), nicht zuletzt auch ihrem Fotoalbum und der Sorgfalt, die sie der Edition von Elisabeths nicht künstlerisch, doch biographisch hochanregenden Gedichten zukommen läßt.

Die Absicht des vorliegenden Buches ist eine begrenzte und andere. Nicht Historie soll hier zurechtgestutzt werden, sondern eine Stimme wieder zum tragen kommen, die der berühmten und zugleich verkannten Kaiserin als Sprachrohr diente. 1898, kurz nach ihrem Tode, erschien beim Verlag Moritz Perles in Wien ein Buch, das den unauffällig schlichten Titel trug: »Tagebuchblätter«. Als Verfasser war Constantin Christomanos genannt. Die kurz darauf veröffentlichte französische Übersetzung war schon mit einem anderen Anspruch versehen: Constantin Christomanos »Elisabeth von Bayern, Kaiserin von Österreich – Tagebuchblätter – Impressionen, Gespräche, Erinnerungen« (1900, Paris, Mercure de France). In beiden Ländern war das Buch schnell vergriffen, und es wurde bis heute nicht mehr neu aufgelegt; obwohl jeder Sissi-Experte aus dieser Quelle schöpft (ein Blick in die Sekundärliteratur beweist das zur Genüge), blieb es für die Öffentlichkeit verschollen. Dieser mißlichen Lage soll jetzt durch eine Neuausgabe abgeholfen werden. Gewiß, die Patina der Zeit hat dieses Büchlein nicht geschont, dazu tritt die allzu verschwärmte Art des jungen Autors erschwerend hinzu, dennoch gibt es kaum ein anderes, ausgenommen vielleicht die unveröffentlichten Tagebücher der »Einzigen«, Sissis Lieblingstochter Marie Valerie, die aber Elisabeth hauptsächlich im Blickwinkel der Mutter-Tochter-Beziehung einfangen und eher das eigentümliche Wesen der Mutter beklagen, als es darstellen, das uns so kostbare Informationen über die Kaiserin vermittelt, über jene rätselhafte Frau, die so konträre Reaktionen hervorrief, wie zum Beispiel beim österreichischen Konsul auf Korfu, Alexander von Warsberg, der beim ersten Treffen mit der Kaiserin 1885 äußerte: »Sie säuselte mich an, knapp, nicht unartig; ich fand sie häßlich, alt, spindeldürr aussehend, schlecht angezogen und hatte den Eindruck, nicht eine Närrin, sondern eine Wahnsinnige vor mir zu haben.« Später aber schrieb er in sein Tagebuch: »Sie ist bezaubernd liebenswürdig, kann der Frau nicht widerstehen . . . mir liegt nur an ihr, der Frau.«

Christomanos stand vom ersten Augenblick an in ihrem Bann, dennoch nicht verblendet. Eine Mischung von totaler Ergebenheit, hingerissener Faszination und nuancierter psychologischen Scharfsinn charakterisiert seine Aufzeichnungen.

Constantin Christomanos entstammte einer vornehmen Familie aus Athen. Während der 90er Jahre des vergangenen Jahrhunderts hielt er sich mit seinem Bruder in Wien auf, wo er Philosophie studierte. 1891, nach Rudolfs Tod, als Elisabeths Rastlosigkeit und Melancholie extreme Ausmaße annahmen, wählte ihn sich die Kaiserin als griechischen Vorleser und Lehrer. Für den kleinen, buckeligen Studenten bedeutete das die Sternstunde seines Lebens. Seine schwärmerisch-poetischen Aufzeichnungen enthüllen uns einen maßlos verliebten (aber wer wäre es nicht in diese einsame, noch sehr schöne, schwermütige Frau gewesen, deren subtile Klugheit und für damalige Zeiten umwerfende Weitsicht geradezu kühn waren? Denken wir allein schon an ihre vorurteilslosen pädagogischen Ansätze, an ihr verblüffend modernes Frauen-Bild, ihre Opposition der monarchischen Staatsform gegenüber, ihren Einsatz für die bürgerlichen

Tugenden des liberalen Zeitalters.), empfindsamen, künstlerisch begabten jungen Mann, der jedes Wort, jede Regung der Kaiserin gleichsam aufsog und schriftlich fixierte. Der reale Rahmen seiner »Tagebuchblätter« scheint sich oft in eine Märchenkulisse zu verwandeln, in der jeder leiseste Ton so intensiv und nachhaltig vibriert, daß manchmal ein Abgleiten ins Süßlich-Sentimentale unvermeidlich ist. Christomanos hat Elisabeths Gedankensplitter ins überschwängliche Erleben und Beschreiben der eigenen Gefühle eingewoben. Das ist der Grund, warum bei dieser Neuausgabe circa 40 Seiten der Originalfassung gestrichen wurden, die zum eigentlichen Verständnis der Kaiserin überflüssig erschienen. Trotz des jugendlichen Schwelgens klingt aber in diesen Texten eine so tiefe, zärtliche Verehrung, ein solch behutsamer Respekt vor der Person der Kaiserin durch, daß wir Christomanos durchaus Glauben schenken können. Kein anderer war ein so steter Zeuge ihrer Worte, ihrer spontanen Regungen, ihrer Niedergeschlagenheit, nicht einmal ihre Hofdamen. Die Bezeichnung »griechischer Vorleser« verkürzt um vieles das, worin seine Rolle bestand. Christomanos war Elisabeths Weggefährte bei den oft sechs Stunden lang dauernden Spaziergängen, ihr Konversationspartner während der sich ewig hinziehenden Frisierstunden, mehrere Jahre hindurch ihr Reisebegleiter nach Korfu, Italien, Algier, etc. Selten war die Kaiserin, die nichts »so lächerlich fand wie menschliche Begeisterung«, so mitteilsam, je ungeschützt offen – als wollte sie sich einmal zu erkennen geben, ihre innersten Gedanken offenbaren. Daß Elisabeth Christomanos ein besonderes Vertrauen zollte, steht außer Frage. Ihre Umgebung staunte darüber und erlaubte sich entsprechende Bemerkungen: »(Sie) verwöhnt den jungen Griechen wie ich es bei Ihrer Majestät noch nie erlebte. Bedauere den armen Jungen, da er unglücklich wird« (Baron Nopcsa an Ida Ferenczi). Elisabeth war damals Ende fünfzig, Christomanos Mitte zwanzig. Jede Beziehung ist ein Geheimnis, das Außenstehende nicht aussondieren können. Das gilt auch hier. Nichts liegt mir ferner als eine sogenannte Aufschlüsselung ihrer Person, die sie um des Trugbildes der Klarheit willen festlegt, statt sie in ihrer Rätselhaftigkeit stehen zu lassen. Kürzlich wurden Sissi wegen der besonderen Anziehung, die schöne, junge Frauen auf sie ausübten, wegen ihrer besitzergreifenden, zärtlich-schwesterlichen Haltung einigen ungarischen Hofdamen gegenüber, etwas leichtfertig lesbische Anwandlungen zugeschrieben. (Dieter Kühn »Der wilde Gesang der Kaiserin Elisabeth«, 1982). In diesem modischen Sinne wurde versucht, als »Szenen eines Psychogramms« ein inneres Bild von ihr zu entwerfen, das in den »wilden Phantasien einer erotischen Obsession« gründen sollte. Solche Hypothesen sind äußerst heikel. Sich über Sissis Liebesleben zu ereifern ist wohl nicht so einfach. Frau Hamann hat dazu einige nüchterne, durch historische wie medizinische Kenntnisse belegte Überlegungen geäußert. Eine so unkonventionelle Frau wie Elisabeth von Österreich hätte sich nicht aus Furcht oder Gewohnheit an tradierte Normen gehalten, wenn ihre Natur sie zu einem anderen gedrängt hätte. Selten sprach die Kaiserin über die Liebe. Entscheidend ist der Satz, in dem sie über ihre Beziehung zu Gyula Andrássy, der sie seinerseits abgöttisch geliebt haben soll, bemerkte: »Ja, das war eine treue

Freundschaft und sie war nicht durch Liebe vergiftet.« Die Bitterkeit, das Gift der Liebe – die Erfahrungen der frischvermählten Sissi hatten ihr genügend Beweismaterial eingebracht. Die Gedichte, die sie kurz nach ihrer Heirat verfaßte, klagen über bittere Enttäuschungen, seelische Verletzungen, Verzweiflung, die ein so ungebrochenes, natürliches Mädchen in ständige Nervenkrisen und rabiate Hungerkuren getrieben haben.

Nach Erscheinen von Christomanos' Buch verrieten einige Pressestimmen, wie wenig Elisabeth von ihren Zeitgenossen erkannt worden war. Die Münchener Allgemeine Zeitung schrieb, Christomanos' »Tagebuchblätter« gäben: »ein völlig neues Bild der vielfach verkannten unglücklichen Fürstin« (23. Dezember 1898). Der Berliner Börsenkurier: »Wir meinten die Kaiserin von Österreich zu kennen, und nun erscheint sie hier in den Gesprächen mit ihrem griechischen Lehrer als ein so merkwürdiges Wesen, als eine zarte weltflüchtige Philosophin von scharfer Beobachtung, von feinem Empfinden, von unbefangenem, freiem Urteil und tiefer Weltverachtung.« (24. Dez. 1898)

Unmittelbar nach dem Mord an Kaiserin Elisabeth am 10. Sept. 1898 hatte die Wiener Wochenzeitung »Die Wage« den jungen Griechen um einen Nachruf gebeten. Erschüttert, geradezu vernichtet, hatte er sich außerstande erklärt, dieser Aufforderung nachzukommen und bereits einige Seiten seines Tagebuches der Presse zur Verfügung gestellt. (Die Wage, 17. Sept. 1898). Der ersten Auflage im Dezember folgte bald eine weitere, eine Gedichtsammlung, »Orphische Lieder«, und ein dramatisches Poem »Die graue Frau«, beides auch 1898 in Wien erschienen. Danach hüllte sich Christomanos in ein langes Schweigen. Erst ein viertel Jahrhundert später veröffentlichte er »Die Wachspuppe«, eine Erzählung aus dem Neu-Athener Volksleben, die 1929 deutsch erschienen ist.

Auch heutzutage, wo uns historische Dokumente und psychologische Errungenschaften ganz anders zur Verfügung stehen als am Ende des vergangenen Jahrhunderts, bleibt Christomanos' Buch weiterhin ein einzigartiger, kostbarer Schlüssel zum Verständnis der Kaiserin von Österreich und Königin von Ungarn. Die hier liebevoll gesammelten Maximen, Erläuterungen, Zufallsbemerkungen Elisabeths werden sicherlich an ihrer Legende weiterspinnen, enthüllen uns aber zugleich eine sehr tiefe Dimension ihres rätselhaften Wesens.

Kontrapunktisch zu Christomanos' Tagebuchblättern möchte ich noch vier andere Stimmen zu Wort kommen lassen, die Elisabeth in besonderer Weise umkreisen, weil sie jene »Zukunftsseelen« personifizieren, die sie selber vorausgeahnt und sich so sehnlich gewünscht hatte; jene »Seelen der Nachwelt«, die sie schließlich erfassen und ihren nur wenigen Menschen einleuchtenden Weg verstehen würden.

Meine Auswahl beschränkt sich auf Autoren, die, mit Ausnahme Schulers, von Christomanos' Buch inspiriert worden sind.

Eine verschwärmt-manische Bewunderung zollte der Kaiserin noch zu Lebzeiten der von Nietzsche sehr beeinflußte, zur Münchener »Kosmischen Runde« gehörende

Alfred Schuler (1865-1923). Diese sehr ambivalente und interessante Erscheinung, deren Lebenselemente Rausch und Ekstase waren, befaßte sich in besonderer Weise mit der Welt der Spätantike. Schuler empfand sich sogar selber als Nachgeborener der römischen Kaiserzeit. Seine Wirkung auf seine Zeitgenossen muß ungeheuerlich gewesen sein (so zum Beispiel auf Rilke und George). Schulers leidenschaftliches Mühen galt dem Versuch, aufgebrochene Gegensätze wieder zu versöhnen, den geheimen Bezug zwischen Mikro- und Makrokosmos wiederherzustellen, zwischen Schoß und All. Stets auf der Suche nach »reinsten seelischen Essenzen«, die ihm als Medium dienen sollten, um den Bruch zwischen »Innen« und »Außen« zu heilen, fiel seine Wahl auf die alternde Kaiserin Elisabeth, die ihm als ein »Gefäß unvermischt kosmischer Feuer« vorkam. Völlig überzeugt, daß nur sie ihn verstehen könne, schrieb er in Goldschrift eine Auswahl seiner »Kosmogonischen Fragmente« auf 21 Purpurtäfelchen nieder, die er ihr in einem kostbaren Tabularium zu überreichen beabsichtigte. Die ersehnte Begegnung fand aber nie statt.

Was uns Klages darüber in seiner Einführung zu Schulers »Fragmente und Vorträge aus dem Nachlaß« (Leipzig, 1940) berichtet, fügt sich durchaus in den Rahmen dieses Buches. Es geht ja dabei um einen Funken, der von Elisabeth ausgelöst, in Schuler einen ganzen Flammenwall entfacht hat.

Eine weitere Gestalt, die nach Elisabeths Tod durch die Lektüre von Christomanos' Tagebuchblättern dem schwermütigen Charme der Kaiserin völlig erlag, war

Maurice Barrès (1862-1923). Zu seinen Lebzeiten hochberühmter französischer Schriftsteller, der sich am Rande des Symbolismus bewegte, und dessen Romane eine fortlaufende, formal wie stilistisch sehr mannigfache Konfession bilden. In seinen »Betrachtungen eines Unpolitischen« schreibt Thomas Mann: »(...) und wenn ein geistreicher Korrespondent mich nachträglich aufmerksam machte, daß Maurice Barrès eine Novelle geschrieben habe, die fast genau den Titel meiner letztveröffentlichten trage – sie heißt ›La mort de Venise‹ –, so tut er es nicht ohne Anspielung auf eine entfernte Zusammengehörigkeit.«

In Christomanos' Aufzeichnungen fand Barrès Anklänge, die ihn zutiefst berührten. Daraufhin schrieb er eine Einleitung zur ersten französischen Ausgabe des Buches und verhalf ihm somit im frankophonen Raum zu einem heutzutage kaum vorstellbaren Prestige. Dieser Prolog selber wurde so berühmt, daß er auch separat unter dem Titel »Une empératrice de la solitude« im Sammelband »Amori et dolori sacrum« (1903) erschien. Barrès beschwört die traurige, einsame Kaiserin mit bezwingenden Tönen. Sicher ist seine Deutung von seiner damaligen Begeisterung für den Ich-Kult sehr, fast einseitig geprägt, aber gab sich nicht gerade Sissi mit Vehemenz diesem Kult hin? Der Barrès-Text erscheint hier stark gekürzt, da die Originalfassung seitenweise Zitate aus Christomanos vorausnimmt. Auch die Stellen wurden getilgt, wo er auf eigene Schriften oder Positionen Bezug nimmt, die nichts mit dem Thema dieses Buches zu tun haben.

Noch eine Stimme aus dem französischen Sprachraum, die von Barrès angeregt, sich mit der Gestalt Sissis näher befaßte: Wir dürfen nicht vergessen, daß Elisabeth dank ihres ersten Verehrers im literarischen Frankreich dort zu einem Ansehen gelang, das bei weitem tiefer und realistischer war als das süßlich verkürzte Bild, das der deutsche Durchschnittsleser lange von ihr besaß. Paul Morand (1888-1980), Diplomat und Schriftsteller, war ein typischer Vertreter des literarischen Kosmopolitismus. Sein Werk umfaßt alle Gattungen: Gedichte, Theaterstücke, Romane und Novellen, unzählige Reiseberichte, die auch heute noch eine spannend-anregende Lektüre bleiben. Morand als erstrangigen Schriftsteller hinzustellen wäre unzutreffend: er war eine literarische Gestalt à la Valéry Larbaud, ein blendender Erzähler und gescheiter Beobachter der europäischen Kulturszenen. 1963 veröffentlichte er ein Buch über die Habsburger-Dynastie: »La dame blanche des Habsbourg«. Einige Seiten aus dem Kapitel über Elisabeth habe ich in meiner Auswahl aufgenommen, weil seine Annäherung bereits eine ganz andere ist als die von Barrès. Morand packt sein Sujet journalistisch, unemotional, nur als interessanten Fall an.

Zuletzt ein glühender Verehrer Sissis, dem Verleger und Herausgeberin überhaupt den Anstoß verdanken, Christomanos' vergessenes Büchlein wieder ans Tageslicht zu bringen: E. M. Cioran, jener paradoxe Skeptiker, der sich leidenschaftlich für das Leben einsetzt, aber alle seine Gedanken gegen es richtet. Seine Bücher, angefangen mit der »Lehre vom Zerfall« bis zu seinem letzten,

»Gevierteilt«, begegnen im deutschen Sprachraum einer immer größer werdenden Leserschaft.

Ohne etwas vom Gespräch mit Cioran über Sissi vorausnehmen zu wollen, seien doch zwei Dinge berührt. Als Kristallisationspunkt abendländischer Dekadenz mußte Elisabeth von Österreich den aus Siebenbürgen (das bis 1918 zur ungarischen Hälfte der ehemaligen Habsburger Monarchie gehörte) stammenden kulturkritischen Lehrer des Zerfalls in besonderer Weise anziehen. Ferner klingen bei Sissi auf verblüffende Weise manche Leitmotive des Cioranschen Denkens an. Eine Affinität zwischen dem Philosophen und der Kaiserin ist nicht zu leugnen. Vom Desengaño über die beißende Ironie als Maske des Unglücks und den balkanischen Fatalismus bis zur Todessehnsucht, nicht weniges stimmt hier überein.

Künstlerisch haben der vom Stil besessene Essayist und die ungeschickt, eklektisch dichtende Kaiserin wirklich nichts gemeinsam, wohl aber im Lebensansatz so etwas wie eine gemeinsame Tonalität. Beider Erleben steht auf der Basis einer Todes- und Untergangsgewißheit, so trifft Ciorans Definition des Existierens als »Herumbasteln am Unheilbaren« genau auch auf die melancholische Kaiserin zu.

Dieses Buch, dessen Texte chronologisch gereiht sind, möchte Elisabeth von Österreich huldigen, eine Brücke zu ihr, zu ihrem Verständnis schlagen. Hoffen wir, daß die Gestalt Sissis nicht zu einem rein literarischen Sujet oder zu einem bloß ästhetischen Thema degradiert wird, sondern daß das Inkommensurable an ihr erhalten bleibt, auch wenn wir sie nunmehr im Spiegelbild ihrer Nachwelt, im Echo ihrer »Zukunftsseelen« vernehmen, bei denen »Dichtung und Wahrheit« natürlich ineinander übergehen. Aber die dichtende Illusion, der schöne Schein, hat Elisabeth selbst sie nicht immer wieder postuliert?: »Ich reise am liebsten in der Nacht, damit die Illusion größer sei, sonst muß man mit der Zeit kämpfen, bevor man das Ziel erreicht.«

Verena von der Heyden-Rynsch

Sissis »Eckermann«: Konstantin Christomanos überliefert seine Gespräche mit der Kaiserin

Constantin Christomanos
Tagebuchblätter

Meiden Sie das Geschwätz der Welt. Nichts ist wichtiger meiner Meinung nach, als dem Klatsch aus dem Wege zu gehen. Alle sollten sich davor fürchten, denn es gibt nur sehr wenige Menschen, die, wenn sie Böses über einen anderen erzählt bekommen, genügend überlegen, ob es zutrifft oder nicht. Sie erzählen es weiter, ob sie daran glauben oder nicht. Es gehört zur menschlichen Natur, Vergnügen an dem zu finden, was böse ist. Nur selten ist jemand traurig, wenn er hört, daß sein Nachbar angeschwärzt wird.

Elisabeth von Österreich

Die Kaiserin im Alter: Elisabeth von Österreich (links) mit einer Hofdame in Genf, 1898

Im Mai des Jahres 1891 wohnten wir, mein Bruder und ich, in einer großen Zinskaserne auf der Alserstraße in Wien bei einer armen jungen Frau, die Strohwitwe war; ihr Mann war nämlich im Irrenhaus. Sie hatte alle Möbel aus den guten Zeiten in unsere Zimmer vereinigt und wohnte in einem engen, fast nackten Cabinet mit ihrem kleinen dreijährigen Mädchen, das sie Gretinka nannte; diese Gretinka weinte in der Regel, wenn man sie anblickte, ohne ihr zuzulächeln. Die schönen Möbel bei uns und das nackte Cabinet und die sensible Gretinka, die das Leben ohne Lächeln so schrecklich fand, kamen mir sehr rührend vor.

Mein Bruder Anton war Student der Medizin und stand vor seinem ersten Rigorosum. Ich war gerade im Begriffe, meine Studien an der philosophischen Fakultät abzuschließen. Zu den kommenden Ferien hatte ich die Absicht, mich nach Innsbruck zu begeben, um unter der Leitung eines berühmten Rechtshistorikers der dortigen Universität meine Dissertation über: »Byzantinische Rechtsinstitutionen im fränkischen Recht« auszuarbeiten; im Winter wollte ich dann in Wien promovieren.

Wir lebten einfach und ruhig, vor Torsperre nach Hause kommend, um uns in unsere Bücher zu vergraben. Die ganzen langen Abende hindurch wechselten wir fast kein Wort miteinander. Wenn wir da die Fenster öffneten, die auf einen Hof gingen, der still und tief wie ein Abgrund war, drang über die Dächer, abgeschwächt und verworren, das Geräusch der Straße zu uns her und dann und wann ein leiser Duft von Blumen aus irgendeinem unsichtbaren Garten oder vielleicht von den Blumentöpfen, die uns gegenüber ein mageres blondes Mädchen täglich begoß. Während ich aber an meinem Tisch saß und im gelben Schein meiner Studierlampe kleine Zettel beschrieb und lateinische Zitate über »mundium« und »kirchliche Benefizien« nachschlug, öffneten sich mir zwischen den Zeilen lichte Perspektiven in selige Landschaften, Gegenden, die ich einmal gesehen oder auch nie, aber verklärt und in fabelhaften Kombinationen. Das war ein unaufhörliches lautloses Reisen, ohne Mühsal und Zeitgefühl – der Extrakt und Duft des Reisens. Und ich atmete tief auf vor Heimweh nach etwas Unausdenkbarem und Unerhörtem. Mein Bruder, der bemerkte, wie ich vor mich hin starrte, sagte mir oft, wenn er überhaupt etwas sagte:

– Wenn du's so machst, wirst du nie fertig werden. Man darf sich seinen Gefühlen nicht hingeben; das sind Gegenströmungen, die alle tatsächlichen Gedanken hinwegschwemmen.

In der Früh', wenn wir die Fenster öffneten und eine kühle jungfräuliche Luft uns umfing, duftend nach Sommermorgen, wie man ihm in der Stadt gar nicht glaubte, und die Dächer uns gegenüber sich vergoldeten, da war mir dies wie eine Verkündigung einer andern unerreichbaren Welt, nach der mein Inneres lechzte.

Plötzlich geschah etwas völlig Unerwartetes.

Ein Lakai brachte einen Brief von einem sehr hochgestellten Herrn, der mit uns bekannt und etwas verwandt war. Ich weiß nicht, wo der Brief hingekommen ist, aber es stand darin schwarz auf weiß, daß einer von uns beiden sich sofort zum Oberhofmeister Ihrer Majestät der Kaiserin, Baron Nopcsa, in die Hofburg begeben solle, weil ihre Majestät einen jungen Griechen brauche, der ihr griechischen Unterricht erteile und mit ihr mehrere Stunden promeniere, und wir ihr vorgeschlagen waren. Wir sahen uns lange Zeit sprachlos an. Wir hatten dunkel gehört, daß die Kaiserin Griechisch betreibe; zumal anläßlich des Todes des Kronprinzen konnten wir viel über sie lesen. Aber sonst hatten wir uns nie länger mit ihr beschäftigt. Uns fehlte auch die Zeit dazu.

– Siehst du? sagte ich meinem Bruder, habe ich nicht recht, wenn ich dir sage, jedesmal, wenn der Briefträger an unsere Tür klopft, ist es das Schicksal, das draußen steht und Einlaß fordert. O die schrecklichen Stunden, während denen zwischen dem Schicksal und seinen Opfern nur die Holzplanke der Türe liegt!

– Gewiß mußt *du* gehen, sagte mein Bruder als Antwort.

– Bist du von Sinnen? rief ich, du hörst doch, es muß jemand stundenlang mit ihr spazierengehen. Sie denkt dabei gewiß an einen olympischen Läufer. Ich mit meiner Gestalt! Von uns beiden scheinst du wenigstens der Gesündere.

– Ich?! Sie wird erschrecken, wenn sie mich so mager sieht.

– Du machst gewiß eine menschlichere Figur.

– Fällt mir nicht ein, versetzte mein Bruder, ich habe auch keine Zeit. Du kannst dafür besser reden.

Wir haben uns lange gestritten, jeder die Vorteile des anderen ins rechte Licht stellend, um sich hinter der eigenen Unzulänglichkeit zu schützen. Endlich überredete ich meinen Bruder zu gehen. Als er von Baron Nopcsa zurückkam, war er ganz gerührt von der großen Güte, die der alte Exzellenzherr für ihn hatte. Er erzählte mir, daß von morgen an, alle Tage um 10 Uhr vormittags, ein Hofwagen vor unserem Hause vorfahren würde, um ihn abzuholen und abends wieder zurückzuführen. Während er aber dies sprach, war er wie ein geschlagener Hund. Ich meinerseits freute mich sehr über das Glück meines Bruders, doch nicht ohne eine stille Wehmut in mir, da ich in fatalistischer Resignation mir sagte, daß auch mein Glück in diesem Zimmer gestanden, und daß es an mir vorübergeglitten, weil es mir nicht bestimmt war. Die Bilder der Kaiserin, die wir früher beim Friseur oder in der Restauration täglich sahen, und auf welchen unwillkürlich unsere Blicke haften blieben (weil sie so unbeschreiblich schön war), drängten sich mir jetzt überall in die Augen, in einem ganz anderen Lichte, gleichsam mit einer Bedeutung von tiefen Symbolen. Die ganze Zeit hatten sie dagehangen für uns, damit wir sie sähen: eine unverständliche Verkündigung dessen, was sie uns dereinst sein würden, indem sie unserem Leben näher treten sollten ...

Nun war es aber auch aus mit den chimärischen Landschaften zwischen den Zeilen und den abendlichen Amselkonzerten. Auch das Geplauder unserer Hausfrau hatte ich keine Geduld mehr anzuhören. Eine große Unruhe war in mein Leben getreten und hatte seine stillen Wasser aufgewühlt. Ungeduldig erwartete ich jeden Abend die Heimkehr meines Bruders aus Lainz ...

Was war das für ein Auflauf, als der Hofwagen zum erstenmale vor unserem Tore stand! Aus dem Zuckerbäckerladen, aus der Tabaktrafik, der Pfaidlerei, aus der ganzen Umgebung waren die Leute zusammengerannt und hatten Spalier gebildet. Unsere Wirtin erzählte mir atemlos die ganze Szene. Bis der Wagen aus den Blicken verschwand in die Fernen des Alsergürtels, haben sie ihm nachgeschaut, und dann waren sie noch immer stehen geblieben und hatten leise miteinander getuschelt. Ich konnte mir denken, wie meinem Bruder bei dieser Aufführung zumute gewesen sein mag. Deswegen hatte ich ihm auch nicht das Geleit gegeben auf seinem ersten bedeutungsvollen Gang zu jenem fabelhaften Wagen. Er mit seiner fast schmerzhaften Sensitivität, seiner krankhaften Scheu vor der Öffentlichkeit und allen überlauten Stimmen des Lebens – er muß gewiß halb ohnmächtig im Hofwagen davongefahren sein.

Als er zurückkam, las ich ihm etwas intensiv Empfundenes, gleichsam mühsam Ertragenes vom Gesicht ab. Sein Mund war verzogen zu einem blassen Lächeln, das mehr einem Weinen glich, wie es bei ihm immer der Fall ist, wenn etwas Unerhörtes passiert: eine unerwartete Nachricht, irgendein großes Unglück oder sogar ein Todesfall bringt immer ein solches Lächeln auf seine Lippen – bei allen anderen Alltäglichkeiten bewahrt er einen bitteren Ernst. Auf meine Fragen wollte er fast gar nichts erzählen. Ich fühlte, daß er in diesem Falle instinktiv die Worte unbrauchbar fand, weil sie nicht so tief reichten. Er sagte nur:

– Sie war außerordentlich gütig mit mir; sie ist viel schöner noch wie auf den Bildern; sie ist unbeschreiblich; sie spricht ganz leise und langsam mit einer singenden Stimme. Wir sind zwei Stunden lang im Garten gegangen und haben über alles Mögliche gesprochen. Sie hat mich über Papa und Mama und unsere Geschwister gefragt, am meisten über dich. Zuletzt mußte ich nicht mehr, was ich ihr sagen sollte. Ich erzählte ihr von der Universität und der Medizin. Das hat sie sehr interessiert. Sie sagte mir, sie glaube nicht an die Medizin, höchstens an die Homöopathie. Sie meinte, die Menschen wollen sowieso betrogen sein, und die kleinen Dosen schaden am wenigsten ... Sie fragte mich, ob ich viel studiere, und ich antwortete, daß ich noch in zwanzig Gegenständen Prüfungen abzulegen habe und noch einige zehntausend Seiten lernen muß. Sie hat darauf leise gesagt: »Das ist aber schrecklich!«

Vorwurfsvoll rief ich ihm zu:

– Was hast du getan?!

– Nun, sie kann dich immer rufen, wenn sie will.

Diesen Abend verlebten wir wie ein Fest. Er wollte die verlorenen Stunden einholen und las krampfhaft in seinen Büchern, aber er brachte nicht eine einzige Seite zustande. Und so beschlossen wir auszugehen. Bis nach elf Uhr waren wir noch im Kaffeehaus, wo wir alle illustrierten und sonstigen Zeitungen, die es nur gab, gelesen haben.

Am nächsten Tage dieselbe Geschichte. Die Hausmeisterin kam herauf, um uns zu sagen, daß der Hofwagen wieder da sei: »Heute san's Schimmeln. So a Wagen! Die lautere Seid'n!«, rief sie schon von der Stiege her, strahlend vor Stolz und Entzücken. Unter einem noch größeren Auflauf als am Vortage, zwischen den Spießruten durchdringender Blicke und fragend offener Münder, ist er in einem fetten Getrappel von Pferdehufen davongefahren. Zu Mittag begann es stark zu regnen. Er kam ganz erschöpft zurück, mit nassen Kleidern. Er erzählte, daß der Regen sie sehr weit vom Schloß überrascht habe. Er hatte keinen Schirm bei sich. Sie setzten ihren Spaziergang fort unter den großen Bäumen des Wildparkes; bei der Rückkehr in das Schloß war er ganz durchnäßt. Die Kaiserin befahl, man soll ihm andere Kleider geben und ein Feuer anzünden in dem Zimmer, wo er sich aufhielt. Er mußte dort warten, bis seine eigenen Kleider halbwegs trocken wurden. Die Kaiserin ließ zweimal fragen, ob er sich nicht erkältet habe. – Alles ist zu ertragen, sagte er, wenn nur dieser schreckliche Hofwagen nicht wäre. Die Leute starren mich an wie ein Gespenst. Auf der Mariahilferstraße, beim Zurückfahren, war es nicht mehr zum Aushalten.

Am folgenden Tage rief er, wie er nur zur Tür hereintrat:

– Morgen wirst du zur Kaiserin gehen, sie will dich kennenlernen.

– Das hast du gemacht, sagte ich, weil du studieren willst.

– Nein, ich habe ihr nur von dir erzählt. Sie hat mir zweimal gesagt, beim Abschied: »Vergessen Sie nicht, Ihrem Bruder zu sagen, daß er morgen statt Ihnen zu mir kommen kann.«

In Lainz

Ein schwarzgekleideter Kammerdiener empfing mich am Parktor und bedeutete mir, daß Ihre Majestät mich ersuche, ihrer im Garten zu harren. Er führte mich zu einem bestimmten Punkt im Park, in der Nähe des Schlosses, und ließ mich mit einer tiefen Verbeugung allein. Die plötzliche Versetzung aus der Atmosphäre des grauen Alltags der Stadt in diesen verschlossenen kaiserlichen Garten, den kein gewöhnlicher Sterblicher betrat, die Erwartung des bevorstehenden Erlebnisses hatten mich sozusagen aus den Grenzen meines Eigenbewußtseins herausgerissen. Ich hatte die Kaiserin nie, außer auf den Bildern, gesehen, gewöhnlich mit einem Diadem auf dem Kopf. Ich war von einer unbeschreiblichen Erregung erfüllt. Neben mir stand ein zitternder Mimosenstrauch mit zahllosen goldgelben Blüten. Schwärme von Bienen summten darüber. Es war, als ob alle Blütenkügelchen außer dem betäubend süßen Duft auch ein goldenes Lächeln ausstrahlten. Gleich den Bienen summte mein Blut mir in die Ohren. Ich dachte: »Siehe da, eine Welt, die ohne uns lebt, die uns anscheinend nicht kennt und die doch aus unendlichen Entfernungen unser harrt!«

Ich durchlebe wieder die Poesie jener Stunde der Erwartung, die mich von mir selbst wegtrug in eine unsagbare Ferne, wie in eine Tiefe hinab, so daß – da ich wieder zu mir selbst erwachte – eine Empfindung mich überkam, als hätte mich eine große Welle von einem gründämmernden Meeresgrund auf ein fremdes verlorenes Gestade des Lebens geworfen.

Plötzlich stand sie vor mir, ohne daß ich ihr Kommen gehört hatte – eine schlanke, schwarze Frau.

Noch bevor sich ihr Schatten auf mich geworfen hatte, um mich aus meiner Versunkenheit aufzuschrecken, fühlte ich ihr Nahen: dieses Gefühl war zugleich mit ihrem Kommen entstanden, und dabei erschien mir seine Geburt so entfernt, als ob ich seit Stunden und Jahren darin gelebt hätte. Sie stand vor mir etwas vorgeneigt; ihr Kopf hob sich von dem Hintergrund eines weißen Schirmes ab, durch den die Sonnenstrahlen drangen und der gleichsam einen lichten Nimbus um ihr Haupt ausbreitete. In der Linken hielt sie einen schwarzen Fächer leicht an die Wange geneigt. Ihre Augen fixierten mich goldhell, den Linien meines Gesichtes folgend, wie belebt von dem Wunsch, etwas darin zu entdecken. Hatten Sie gefunden, wonach sie suchten? Lächelten sie erst später, oder waren sie mir schon mit diesen lächelnden Strahlen begegnet?

Ich hatte in jenem Moment keine Zeit, darüber nachzudenken, und auch die Empfindungen, die ich jetzt deutlich erkenne, waren damals wie im Keime, unbewußt und zeitlich vereint in mir. Nur das eine wußte ich sofort: das ist »Sie«. Dabei überkam mich eine Verwunderung: so wenig ähnlich sah sie den mir geläufigen Bildern! Das war ein anderes Wesen, und doch war es die Kaiserin. Und ich fühlte, daß diese Kaiserin nicht nur Kaiserin war: daß ich einer der idealsten und trauervollsten Erscheinungen des Menschentums gegenüberstand. Was sagte ich denn da? Ich schäme mich, es mir noch einmal auszudenken. Ich stotterte einige verwirrte Phrasen von meinem Glück und der hohen Ehre. Aber sie half mir über die erste Verlegenheit hinweg, indem sie mit jenem anmutsvollen Strahlen aus den Augen sagte:

– Wenn die Griechen griechisch sprechen, so ist es wie Musik.

Dann sagte sie:

– Wir wollen heute bis zum Ende des Parkes gehen. Wir werden sehr große und schöne Bäume sehen und eine prachtvolle Aussicht genießen.

An diesem ersten Tage dehnte sich unser Spaziergang im Lainzer Park über drei Stunden aus.

Was wir alles gesprochen haben? Wenn ich mich daran erinnern will, erstickt das Einzelne gleichsam in einer dichten Wolke von etwas unsäglich Beglückendem. So fühlt, wer aus dem Schlaf erwacht bis in die tiefsten Fasern seines Wesens beseligt, gleichsam die Brust voller Blumenduft, und nicht mehr weiß, was er geträumt hat . . .

Sie schritt durch den Garten, wie wenn sie ihr inneres Strahlen einem bestimmten Ziel zuführen würde. Und die Dinge um sie waren von dieser geheimnisvollen Wallfahrt verständigt. Sie veränderten auch ihr Aussehen, sowie sie sich näherte: die Physiognomie, der Lebenston der Dinge hob sich um eine Nuance, gleichsam ihrer inneren Musik entgegentönend und einen Gleichklang anstrebend.

Wenn der Tag zu Ende ging und die Sonne hinter den großen Wäldern versank und die satten Wiesen blau wurden und die lieblichen Ruhen des Abends aus den Blättern auf uns sich senkten, dann kam auch das Ende unseres Wanderns. Auf Umwegen, um so lange als möglich diese späten Melancholien zu genießen, kehrten wir zum

Schloß zurück . . . Auf unseren Wegen schlossen die Blumen ihre Blätter wie Augenlider; wie ein In-sich-selbstversenken zeigte sich in allen Dingen, die sich bisher so voll dem Licht und dem Leben hingegeben hatten. Dann begleitete ich sie bis zur Schloßterrasse, an spiegelnden Teichen vorüber, über deren Stillen die nächtlichen Träume weißer Nymphäen sich zu verdichten begannen. Dort verabschiedete sie mich mit einigen Worten, die immer wie ein Echo klangen von jenen, die sie an mich bei der ersten Begegnung gerichtet hatte, so daß ich aus ihrem Klang selbst die Gewißheit erlangte, daß dieses jeweilige Ende die Erneuerung in sich selbst trage . . . Zweimal habe ich sie durch die inneren Räume des Schlosses begleiten dürfen, und es war mir dabei, als ob wir den Garten nicht verlassen hätten, denn sie nahm die Welt, deren Projektion allein sie zu sein schien, immer mit sich wie eine Atmosphäre, in der sie ausschließlich atmen konnte. Bei dieser Gelegenheit wurde mir die flüchtige rosenfarbene Erscheinung ihrer Tochter, Erzherzogin Valerie, die in einem lichten Salon Blumen malte; ein anderes Mal erblickte ich sie durch die sonnig-verträumten Glasscheiben eines Treibhauses, wie sie ihrer Mutter zuwinkte. Auch der Kaiser kam einigemale aus dem Schlosse, festen, elastischen Schrittes, über die Terrasse in den Garten hinab zu seiner Gemahlin. Sie war dann an seiner Seite die Verkörperung jener Hoheit, deren Begriff ihn über die anderen Menschen erhebt. Und doch hatte ich in jedem dieser Fälle den Eindruck, als ob *ihre* Domäne eine andere wäre, als die eines kaiserlichen Schlosses. Der Garten und der Wald waren ihr reserviert, und wenn man mit ihr verkehren wollte, mußte man in ihr Reich sich begeben.

Dann kam jener letzte Tag, an dem sie das Schloß und den Park verlassen mußte, um, wie alljährlich, nach Ischl und Gastein ihren Aufenthalt zu verlegen. Dort gab es andere Wälder und andere Berge. Dieses regelmäßige Wegreisen machte mir denselben Eindruck, wie wenn ich höre, daß Vögel zeitweise ihren Aufenthalt wechseln. Denn ich hatte mich schon daran gewöhnt, sie mit jenen Augen zu sehen, mit welchen man die lieblichen Wesen betrachtet, die der Natur näher stehen und unbewußter als die Menschen zu ihr sich verhalten. Beim Abschied sagte sie mir noch:

– Auf Wiedersehen! Ich verdanke Ihnen manche Stunde, die ich nicht vergessen möchte. Verleben Sie einen schönen Sommer. – Und ihre Augen blickten so ernst und tief, als ob sie alle Bitternisse, die an den Wurzeln meiner Gedanken hängen konnten, erkennen und von mir nehmen wollte, um an deren Stelle die Hoffnung des Wiedersehens zu setzen.

Am selben Tage reiste ich nach Innsbruck ab, noch voll von jenen Empfindungen, die, wie ich dachte, für mein ganzes Leben die einzige Nahrung meiner Seele sein sollten . . . Jetzt weiß ich nicht mehr, was wir gesprochen, dafür aber, was wir geschwiegen. Ich kann jetzt klarer die Bestandteile ihrer ewigen Herrlichkeiten vor mir sehen, denn ich empfinde in mir die Flüchtigkeit ihrer Metamorphosen. Aber meine Worte sind zu trocken, um die feurigen Elemente ihrer flüssigen Linien zu berühren, ohne selbst zu versengen; meine Worte sind zu schwer, um all den feinen Zügen ihres seelischen Antlitzes und all ihren lieblichen Traurigkeiten nachzugehen, ohne sie zu zerstören oder zu verscheuchen . . .

Ihr Haupt erhebt sich auf ihren Schultern mit jener zarten Grazie, welche den Blüten auf langen Stengeln zu eigen ist. Mehr als bei anderen Menschen hat man die Empfindung bei ihr, daß der Kopf die Krönung und den zusammenfassenden Akkord ihrer musikalischen Linien bildet. Ihr Antlitz neigt sie nach vorne, während sie das Hinterhaupt, auf welchem die Krone ihrer Haare ruht, nach rückwärts biegt, wie um sich über eine Oberfläche zu erheben. Und in den Strahlen der Sonne verschmelzen die Linien ihres Kopfes wie in eine verwandte Substanz zu einem großen Licht.

*

In ihr Haar hat sich Nacht versenkt, und von Zeit zu Zeit geht aus demselben eine Helle aus wie von einer Nacht: vielleicht sind es die Gedanken, die sie nie ausspricht und die das Kommende ahnen, welche so den Blumen entgegenduften. Ich habe ein Bild in der Hofburg über dem Tische des Kaisers gesehen, wo sie in ihr Haar gewickelt dasteht wie eine Hamadryade oder eine Nymphe oder Ophelia, ohne jeden irdischen Königsschmuck, und ich dachte da an die Königin Berenice, deren Haar jetzt am Himmel zwischen den Sternen leuchtet, weil die Sterne nach ihrem Tode es zu sich gehoben haben. Gewöhnlich trägt sie aber ihr Haar zu einer Krone geflochten, deren finsteres Gewicht zu schwer für ihre leuchtende Stirn zu sein scheint.

*

Ihr Antlitz ist von schimmernder Blässe, der alle eifersüchtigen Strahlen der südlichen Sonne nichts anhaben konnten, und welche die kristallisierten Röten unter den Augen wie von verdorrtem Wangenrot und vertrockneten Tränenbeeten noch dunkler hervortreten läßt. In diesem milden Schimmer, der gleichsam von toten inneren Erlebnissen ausgeht, öffnen sich ihre Lippen, feingezeichnet und so unwahrscheinlich purpurn wie der Spalt der geheimnisbergenden Granate. Und sie biegen sich zu einer Kurve unsagbarer Wehmut, die von aller Trauer weiß, als wäre sie die Brücke der Traurigkeit selbst, die fast Angst und Furcht davor ausdrückt, noch mehr zu wissen und das Schicksal unaufhörlich befragt: wenn die Lippen sich öffnen, versinkt jene Linie in die inneren Tiefen – aber sie kehrt wieder zurück, sobald nur das Schweigen sein Siegel den Lippen aufdrückt; dann sammeln sich auch in den Winkeln dieses Mundes alle Bitternisse ungeweinter Tränen . . .

In der Weisheit ihres Schweigens ist sie dann wie die herbe Göttin Athena.

*

Wie eingeschlossen in einen schattigen Kreis unentrinnbaren Wehes leben ihre hellen, beobachtenden Augen. Niemals noch gab es solche Augen, die die traurige Essenz aller Dinge gleichsam als das Ewige in ihnen herauszusehen vermochten. Oft sind ihre Blicke wie jene von Blumen, die ein wunderbares Geheimnis erschauen: dann fallen Schleier von Wimpern über sie, wie zarte Wolken, welche Sterne verhüllen.

Ihre Augenbrauen sind kühn geschwungen, in eine

stolze Hebung von wunderbar feiner Zeichnung endend. Die Herrschaft der schönen Formen, der Heroismus der stolzen Gedanken, die sehnsüchtige Rundung der Wellen am Strand, die Ironie über alle festgefügte Wirklichkeit, die ungebundene Willkür und der Todesmut der Steigerungen der Berge und des Genies, die majestätische Reinheit der Schwäne, die Hoheit der Wolken über die Niederungen – all dies schlummert in den glänzenden Schlangenlinien ihrer dunkel gemeißelten Brauen . . .

*

Ihre Hände sind mager, gebrechlich, in die Lilien ihrer Finger verhauchend. Sie sind wie frierende Blumen. Etwas Geheimnisvolles haben sie an sich. Wenn sie etwas halten, da umklammern sie es so fest, daß man an eine innige Verbindung, fast eine Verschmelzung ihres Wesens mit jenem der Dinge denken muß.

*

Ihre ganze Gestalt, allzu fließend, um nur schlank genannt zu werden, seufzt wie eine Zypresse zum Himmel, flutet wie eine Welle, wenn sie ruht und atmet . . .

*

Sie geht weniger als sie wandelt – eher könnte man sagen, sie gleitet – den Oberkörper leicht nach rückwärts und in die schlanken Hüften gewiegt. An die Bewegungen eines Schwanenhalses erinnert dieses ihr Gleiten. Wie ein langstieliger Iriskelch, der im Winde pendelt, schreitet sie über den Erdboden, und ihre Schritte sind nur eine fortgesetzte, immer neu ansetzende Ruhepause; ihre Linien fließen dann in einer Folge von unhörbaren Tonfällen, die den Rhythmus ihrer sichtbaren Existenz bedeuten. O die unsagbaren Melodien, die ich Tauber daraus ahnte …

Die Falten ihres Kleides schmiegen sich an sie, gleichsam unabhängig von der Weichheit ihrer Bewegungen. Und es hat den Anschein, als ob die Stoffe, die ihren fürstlichen Körper umhüllen, und die Wege, die von ihr betreten werden, das Königtum ihres Wesens tiefer und dankbarer empfinden als die Menschen.

*

Rein und hell und wie in musikalischen Fugen spricht sie, doch nur langsam und leise. Als wäre ich in der Nähe einer einsamen Quelle, die heimlich in langsamen Klagen rieselt, wurde ich immer von den Lauten ihrer Stimme in einen Hauch vereinsamter Jugend und leise klingender Traurigkeit eingehüllt. So sprechen die Menschen, die wie die Quellen oft und lange allein sind – deren Stimme nicht an der Wucht der rohen Laute des Lebens zerschellen, nicht mühsam über sich selbst sich erheben muß, um in dem wirren Gedränge nicht unterzugehen, die sich zu Ende fließen lassen kann glücklich über Wiesen sich schlängelnd, ohne die Pein der Hemmung zu ertragen, die am eigenen Wohlklang und an der eigenen Kümmernis sich berauscht. Und dabei ist ihre Stimme nur die in Musik umgesetzte Sprache ihrer Linien.

*

Flüssig ist ihr Geist und tief wie das Meer.

Aber ihre Gedanken sind wie die Gipfel der Berge oder wie weite Ebenen, welche sich ruhend entfernen.

*

Sie lacht fast nie – nie wenn sie ihr wahres Leben lebt; nur wenn das gemeine Leben der Leute oder was wir Realität nennen ihrem inneren Wallen sich entgegenstellt, wenn die Beziehungen von Menschen zu Menschen an sie herantreten und sie berühren – dann lacht sie, leise girrend und konvulsivisch bis zu Tränen, als ob sie etwas sehr Komisches erblicke, fast wie unter einer schmerzhaften Empfindung; dann steigt auch eine Welle roten Herzblutes ihr in die Schläfen, bis in die Wurzeln ihrer Haare, und umhüllt ihr Antlitz, gleichsam, um es vor äußerer Unbill zu schützen, mit dem Purpur inneren Königtumes. Und jenes andere lautlose Lächeln, das oft ihren Augen entstrahlt, das oft auch die geheimnisvolle Blüte ihrer Lippen öffnet!

Die wehmütige Biegung des Mundes, das intensive Schauen der Augen, als ob sie in etwas Undurchdringliches sich versenken wollten, das Aufrichten des Nackens und der Stirne wie in stolzer Auflehnung gegen eine unerträgliche äußere Last, gegen die sie den Kampf allein aufnehmen müßten, und dabei das Vorneigen der Gesichtszüge wie im Bewußtsein einer ungesagten Mühsal, die Haltung des zarten königlichen Körpers, zuwartend, wie im Begriffe zusammenzuknicken und doch voll innerer Schwungkraft den Angriffen des Schicksals gewärtig, der Klang der Stimme, die Melodien der Worte wie ein wahrnehmbar werdendes Aufblühen heimlicher Harmonien – das alles enthüllte mir eine ganze innere Welt organisierter Traurigkeiten, die für sich da war und die ebenso lieblich und unermeßlich und geheimnisvoll war wie jene äußere, die unsere Augen mit Fragen bestürmt.

Innsbruck

3. September

Soll jener Traum für mich noch nicht zu Ende sein? – aus dem Herbst meiner Erinnerungen ein neuer Frühling erblühen, ohne Winter und Tod erlitten zu haben . . .

Ein Brief von Baron Nopcsa aus Ischl, worin er im Namen der Kaiserin die Anfrage stellt, ob ich geneigt bin, wieder »durch die Monate Dezember bis anfangs April als Lehrer der griechischen Sprache und Begleiter Ihrer Majestät der Kaiserin und Königin in Allerhöchst-ihrer Nähe mich aufzuhalten«.

In einem Zusatz schreibt der Baron Nopcsa: »vorausgesetzt, daß der Fortgang Ihrer Studien darunter nicht leidet«. Ich muß also fertig sein oder gar nicht annehmen. Ich werde hier promovieren, da ich in Wien nicht so rasch an die Reihe kommen könnte . . .

Wenn ich daran denke, was mir zuteil geworden, ohne daß ich gebetet, vielleicht nur, weil ich meinen Wunsch vor mir selbst verheimlichte!

Zum philosophischen Rigorosum wählte ich mir Schopenhauer: ich habe mich ganz eingelebt in ihn, seitdem er zu meiner Stimmung so gut paßte. »Ein unerhörter Prüfungsgegenstand!«, sagte mir der Innsbrucker Professor. Ich war und blieb vielleicht der einzige, der ein solches Wagnis versuchte.

Ich habe heute die Herzogin von Alençon, die Schwester der Kaiserin gesehen: vor einem Geschäft der Maria Theresienstraße stand eine livrierte Equipage, worin ein distinguierter Herr mit blondem graumelierten Spitzbart und zwei dicke rotwangige Knaben saßen. Da ging auf einmal die Ladentür auf; ein großer Hund sprang in einem Riesensatz zum Wagen, dahinter kam eine Dame heraus: die Kaiserin selbst, nur zarter, kleiner, gebrechlicher. Dieser Anblick erschütterte mich. Ich erfuhr, daß dies ihre Schwester sei und im Schloß Mentelberg über den Sommer wohne. Lange folgte ich mit den Augen dem abfahrenden Wagen. Sie hatte wohl keine Ahnung, daß ihr jemand mit solchen Blicken nachschaute, daß meine Blicke wie ein Band zwischen ihr und ihrer kaiserlichen Schwester sich wanden . . .

Wiener Hofburg, 8. Dezember 1891

Mein Appartement befindet sich im leopoldinischen Trakt. Man kommt vom Franzensplatz neben der Burgwache über eine enge, Tag und Nacht mit Gaslicht beleuchtete Schneckenstiege, die sogenannte »Zuckerbäckerstiege«, zu einem langen, mit Matten belegten Korridor, dem »Fräuleingang«. Eine Flucht von Türen mit Namen von Hofdamen auf weißen Zetteln. Am fernsten Ende – Burggendarmen langsam mit Säbelgeklirre auf- und abgehend. Zu meiner Verwunderung lese ich auf einer dieser Türen meinen Namen. Es ist die Überschrift meiner künftigen Existenz in dem Schubladenkasten des Hofes. Mein Zimmer ist geräumig, doch mit niedriger Decke. Spiegelglattes Parkett, über welches das Feuer im Ofen rote Irrwische huschen läßt. Tapeten und

Möbel grau und weiß gestreift. Ein großes Doppelfenster auf den äußeren Burgplatz und den Volksgarten hinaus, den jetzt graue Dämmerung einhüllt. Ein rotseidener Paravent vor dem Bett, welches auch mit schwerer Seide bedeckt ist – sonst alles sehr einfach vornehm.

Noch am selben Abend von der Kaiserin empfangen. Ein Leiblakai kam, mir zu melden, daß Ihre Majestät meine Ankunft erfahren und mich zu sich bitten lasse. Ich eilte zu ihr hin, lautlosen Schrittes über die Matten den ganzen Gang entlang, an Lakaien und tuschelnden Kammerzofen vorüber, dann um die Ecke durch einen anderen, breiteren Korridor, der den Amalientrakt durchquert. Es ist dies jener Teil der Hofburg, der mit dem großen, des Abends leuchtenden Auge seiner Uhr auf den Franzensplatz herabschaut: er wird ausschließlich von der Kaiserin und ihrem Gefolge bewohnt. Durch eine geheime Tür kam ich auf die große Prachtstiege, dann ein Stockwerk hinunter, wo ein Charge der Burgwache in Gala vor einer Samtportière unbeweglich aufgepflanzt stand; hinter dieser Portière ein Vorraum ganz Empire, in der kalten, nackten Pracht fürstlicher Antichambren, in welchen man so schrecklich friert, wenn man kein Lakai ist. Mehrere Türsteher mit weißen Strümpfen, mandelgrünen Beinkleidern, dunklen, goldgestickten Röcken und Stoßdegen verbeugten sich vor mir aufs tiefste, die Türen öffneten sich wie von selbst, und ich befand mich unversehens in einem zweiten Raum, der noch prächtiger war, mich aber weniger verschlossen und hochfahrend anmutete. Ein Türhüter in schwarzem Frack kam mir in diesem Raum entgegen. Und ich fühlte während dem, daß ich instinktiv eine neue

Gangart angenommen hatte und dieselbe mit großer Virtuosität durchführte: hier heißt es gehen, ohne sich aufzuhalten und ohne Eile, über das Parkett nur gleitend und nicht auftretend, ohne über Grüße und Verbeugungen zu stolpern. Der Kammerdiener der Kaiserin, ebenfalls in schwarzem Frack (die private Trauerlivrée der Kaiserin), trat aus der gegenüberliegenden Tür, verbeugte sich devot und verschwand sofort wieder auf den Zehen in dieselbe, um mich anzumelden. Alle diese Menschen hielten ihren Atem an und ihre Seele zurück und waren nur Frack und Fußspitzen. Und dann schlugen sich beide Türflügel mit einemmale geräuschlos auf. Hinter einer rotseidenen spanischen Wand trat ich in einen weiten hellerleuchteten Saal. Die Wände waren mit roter Seide bekleidet, und es flimmerte mir vor den Augen vor goldenen Möbeln, tiefen und weiten Spiegeln, welche ganze Wandflächen einnahmen, und großen hängenden Lüstern. Eine Atmosphäre von fast seelischer Reinheit wehte mir entgegen.

Aus einer gegenüberliegenden Tür, die offen war und in ein kleines Boudoir blicken ließ, trat mir die Kaiserin entgegen.

Hier stand sie wieder vor mir, dieselbe schwarze Gestalt aus jenem unvergeßlichen Zaubergarten. Sie, die ich in ihrer Waldbeschaffenheit gekannt, hatte mich nun in ihr prächtiges Schloß gerufen, wo sie eine Zeitlang leben sollte. Ich erinnere mich dunkel an ein Märchen, worin eine Waldfee vorkommt, die von einem noch mächtigeren Zauberer einen Teil des Jahres in seinem unterirdischen Schloß festgehalten wird und dort Königin sein muß. Vielleicht ist es aber nur die Geschichte Persephones. Und der Ausdruck ihres Antlitzes machte mich auch an Persephone denken, die ebenso ein halbes Jahr in der Unterwelt zubringt. Die dunkelroten schimmernden Wände, die zahllosen Flammen, die über Goldflächen rieselten und aus der Tiefe der Spiegel wieder hervorquollen, die Kristallrauten der Lüster, die wie hängende Edelsteine funkelten, all das ließ mir den Gedanken an eine solche unterirdische Welt fast zur realen Wahrnehmung werden. Wie aus einer anderen Welt stand die schwarze Kaiserin vor mir da, Herrin über all diesen Glanz. Sie begrüßte mich schon aus der Ferne und sagte mir, daß sie sich freue, mich wieder bei sich zu sehen. Und sowie sie ihren Mund geöffnet hatte und ihre Stimme erklang, war auch das Strahlen um sie herum verblichen. Da wußte ich, daß sie noch viel strahlender war als alles, was sie umgab. Ich wußte schon bevor ich eintrat, was ich hier finden würde, und dennoch ward ich geblendet ... Wir gingen auf und ab eine Stunde lang auf dem weichen Teppich, worin sich der Fuß wie in junge Rasen vergrub, in Wellen von Licht, deren Berührung ebenso wie linde Luft, nur noch musikalischer wirkte.

Ich erzählte ihr von den glühenden Bergen in Innsbruck, von dem Garten mit den großen Bäumen, über welche der Purpur des Herbstes gebreitet lag, von den gelben Blättern meiner Melancholien und Erinnerungen, die wie große tote Vögel auf die Gartenwege fielen, von den Kirchen, in denen verhärmte, wie von einer unsichtbaren Hand vor sich hingeschobene Weiber blind in eine Finsternis hinein Gebete stammelten und wo eiserne Könige und Königinnen aus den verschiedenen Zeitaltern ein Stelldichein sich gegeben hatten. Und sie sprach nur von dem fallenden Wasser in Gastein, das in der Nacht wie eine Seele in Pein ertönte, von den schwarzen Fichten und Tannen, zwischen denen die Wolken lange Zeit sich aufzuhalten lieben. Und dann sprachen wir von Homer und den Sirenen, und der Beatrice, die Rossetti gemalt hatte. Dann reichte sie mir die Hand nochmals zum Kuß und sagte:

– Von morgen an werden wir alle Tage mehrere Stunden in Schönbrunn spazierengehen. Wenn Sie nicht gekommen wären, würde ich dieses Vergnügen entbehren müssen. Den Hofdamen will ich diese Promenade im Winter nicht zumuten, und der Kaiser hat leider keine Zeit dazu.

9. Dezember

Heute früh um 8 Uhr kam der Lakai, mir zu sagen, daß die Kaiserin mich beim Frisieren erwarte. Ich war schon bereit und wartete darauf. Die Kaiserin hatte mir nämlich schon gestern mitgeteilt, daß die griechische Stunde während des Frisierens stattfinden würde.

– Das Frisieren dauert immer fast zwei Stunden, sagte sie, und während meine Haare so sehr beschäftigt sind, bleibt mein Geist träge. Ich fürchte, er geht aus den Haaren hinaus in die Finger der Friseuse. Deswegen tut mir dann mein Kopf so weh. Wir werden diese Zeit benützen, um Shakespeare zu übersetzen: da muß das Gehirn notgedrungen sich zusammennehmen.

Ich trat in den großen Salon mit dem Zeremoniell von gestern. Die Kaiserin saß an einem Tisch, der in die Mitte des Raumes gerückt und mit einem weißen Tuch bedeckt war, in einen weißen, mit Spitzen besetzten Frisiermantel gehüllt, mit aufgelösten Haaren, die bis zum Boden reichten und ihre Gestalt vollkommen einwickelten. Nur ein schmaler Teil ihres Gesichtes blickte daraus hervor wie bei jenen verhüllten Madonnen mit den mandelförmigen Antlitzen. Dieser Anblick war mir neu, aber bezaubernder als die bisher mir gewordenen. Sie erwiderte meine Verbeugung mit einem leisen Neigen des Kopfes, indem sie sagte:

– Wie haben Sie diese erste Nacht in der Hofburg geschlafen? Ich hoffe, nicht schlechter als sonst. Es ist hier nicht so schön wie in Lainz, fügte sie hinzu, aber für die Nacht ist es noch gut genug.

Wir werden um 11 Uhr ausfahren, bemerkte sie dann.

Und wir begannen die Stunde. – Die Kaiserin schreibt sehr rasch; beim Halten der Feder krümmt sie die Finger, offenbar nach einer Gewohnheit aus ihrer Kindheit, welche sie auch wahrscheinlich nur deshalb beibehalten hatte, weil ihre Lehrer sie rügten. Überhaupt hat ihr ganzes Gebaren beim Schreiben etwas kindlich Anmutiges und Unbeholfenes im Gegensatz zu ihrer sonstigen majestätischen Haltung inmitten der Bäume und Blumen. Sie fixiert das Papier und die Spitze der Feder, und es ist als ob sie ihre Feder nötigen möchte, fein und rein zu schreiben. Aber die Buchstaben quellen ungestüm und sich überhastend hervor, von jeder Konvention befreit.

– Sie bewundern meine schlechte Schrift: sie ist so wie ich, sagte sie mir; sie will sich nicht unterjochen lassen.

Dann macht sie große Tintenflecke mit violetter Tinte, mit der sie einzig und allein aus einem goldenen Tintenfaß schreibt; dünnes Fließpapier liegt um sie gestreut, und sie trocknet damit jede Seite ab mit dem Ballen der Hand daraufschlagend.

Dieses erste Beisein während der Frisierstunde hat mir Eindrücke von epischer Harmonie hinterlassen.

Haare sah ich wie Wellen, den Boden erreichend und sich auf ihn niederlegend und weiterhin fließen: vom Haupt, dessen zarte anmutige Form und reine vollendete Linie sie ungetrübt offenbarten (ebenso lassen die koischen Gewebe göttliche Formen durchscheinen), flossen sie herab über den weißen Mantel von Spitzen, der ihre Schultern bedeckte, ohne je zu verfließen ...

Hinter dem Sessel der Kaiserin stand die Friseuse in schwarzem Kleide mit langer Schleppe, eine weiße spinnewebene Schürze sich vorgebunden, als Dienende selbst von imposanter Erscheinung, Spuren verblühter Schönheit auf dem Gesicht und Augen voll finsterer Ränke – an eine bekannte vertriebene Königin zweiter Güte im europäischen Osten erinnernd. Mit weißen Händen wühlte sie in den Wellen der Haare, hob sie dann in die Höhe und tastete darüber wie über Samt und Seide, wickelte sie um die Arme wie Bäche, die sie auffangen möchte, weil sie nicht rinnen wollten, sondern fortfliegen, teilte die einzelne Welle mit einem Kamm aus goldgelbem Bernstein in mehrere und trennte dann jede von diesen in unzählige Fäden, die im Sonnenlicht wie golden wurden und die sie behutsam auseinanderzog und über die Schultern hinlegte, um ein anderes Gewirr von Strähnen wieder in Goldfäden aufzulösen. Dann wob sie aus allen diesen Strahlen, die aus erloschenem Gold zu Blitzen dunklen Granatrots aufflammten, neue ruhige Wellen, flocht diese Wellen zu kunstvollen Geflechten, die in zwei schwere Zauberschlangen sich wandelten, hob die Schlangen empor und ringelte sie um das

Mit aufgelöstem Haar: Elisabeth, 1864. Fotografie nach einem Ölgemälde von Franz Xaver Winterhalter

Haupt und band daraus, mit Seidenfäden dieselben durchwirkend, eine herrliche Krone. Dann ergriff sie einen anderen spitzig auslaufenden Kamm aus durchsichtigem Schildkrot mit Silber beschlagen und wellte den Polster von Haaren, der am Hinterhaupt die Krone zu tragen bestimmt war, in jene Linien zurück, welche dem atmenden Meer zu eigen. Dann zog sie die verwaist irrenden Strähnen über die Stirne hinab in die Nähe der Augen, so daß sie wie goldene Fransen vom Kranz der Krone herabhingen und die lichte Stirn wie ein Schleier verhüllten, entfernte mit einer silbernen Schere, was bei diesen Fäden Harmonie und Gleichheit verstörte und den ruhigen Lauf der geschwungenen Brauen nur hemmte, neigte dann andere Fäden wie schäumiges Wellengekräusel über die Ohren, damit die Roheit der Laute an ihnen sich breche, und setze davon ein wachendes Gitter vor die Tür der Seele. Dann brachte sie auf einer silbernen Schüssel die toten Haare der Herrin zum Anblick, und die Blicke der Herrin und jene der Dienerin kreuzten sich eine Sekunde – leisen Vorwurf bei der Herrin enthaltend, Schuld und Reue der Dienerin kündend. Dann wurde der weiße Mantel aus Spitzen von den fallenden Schultern gehoben, und die schwarze Kaiserin entstieg gleich einer göttlichen Statue der bergenden Hülle. Die Herrscherin neigte dann den Kopf – die Dienerin versank in den Boden leise flüsternd: »Zu Füßen Euerer Majestät ich mich lege« – und so ward die heilige Handlung vollendet.

– Ich fühle mein Haar, sagte sie mir, und dabei ließ sie einen Finger unter seine Wellen gleiten, wie um ihren

Kopf von der Last zu erleichtern. Es ist wie ein fremder Körper auf meinem Kopfe.

– Majestät tragen das Haar wie eine Krone anstatt der Krone.

– Nur daß man sich jener anderen leichter entledigen kann, erwiderte sie mit bekümmertem Lächeln.

Um 11 Uhr sind wir nach Schönbrunn ausgefahren. Es findet immer eine große Ansammlung von Menschen vor meiner Stiege statt, die meinem Einsteigen in den Wagen beiwohnen, und die Wache salutiert, wenn auch mit sichtbarem Zweifel über meine Salutationsfähigkeit.

Ein herrlicher Tag heute, der Himmel rein und blau wie im Frühling. Ich habe ein Buch mitgenommen, aus welchem ich der Kaiserin beim Gehen vorlesen wollte: Dostojewskijs Erzählungen.

Ich habe ihr die »Weißen Nächte« vorgelesen. Sie hat die Erzählung entzückend gefunden.

– Das, was Naschtenka passiert ist, sagte sie, ist typisch für alle Mädchen. Eine jede vergreift sich wenigstens einmal in ihrem Leben, ohne daß sie weiß, wann sie es tut. Auch bei Naschtenka weiß man nicht, ob sie sich an dem vergriffen, den sie nahm, oder an jenem, welchen sie ließ. Es ist eine Sache des Schicksals. Die Frauen leben ganz besonders unter dem Stern ihres Schicksals.

Wir sprachen dann über die Emanzipation der Frauen und ihre Gelehrsamkeit. Sie sagte:

– Frei sollen die Frauen sein; sie sind oft würdiger es zu sein als die Männer. Als bestes Beispiel haben wir die George Sand. Aber was die sogenannte Bildung betrifft, so bin ich dagegen. Je weniger die Frauen lernen, desto wertvoller sind sie, dann wissen sie alles aus sich selbst heraus. Was sie lernen, lenkt sie eigentlich nur ab auf einen Abweg ihres Inneren, sie verlernen dadurch ein Stück ihrer selbst, um anstatt dessen Grammatik oder Logik unvollkommen sich anzueignen. In jenen Ländern, wo die Frauen wenig lernen, sind sie viel tiefere Wesen als unsere Blaustrümpfe. Es ist eine Täuschung, wenn die Freunde der Emanzipation zugunsten der Bewegung vorbringen, daß gebildete Mütter geistig begabtere Söhne der Menschheit schenken würden.

– Dabei wollen die modernen Männer an ihren modernen Frauen eine geistige Stütze finden, sagte ich.

– Im Gegenteil, sie würden wohltätiger wirken als Mütter, wenn sie wie die Bäume wären, frei von jeder Fessel und Verkrümmung unter dem offenen Himmel. Die Frauen sollen nicht da sein, um den Männern in ihren Geschäften zu helfen, indem sie ihnen Gedanken und Ratschläge soufflieren, sondern sie sollen durch ihre bloße Nähe Gedanken und Entschlüsse in den Männern wachrufen und reifen lassen, die diese dann selbst aus sich selbst zu schöpfen haben.

10. Dezember

Heute brachte man mir aus der Kammer der Kaiserin Blumen. Es wurde mir gesagt, die Kaiserin habe dem Schloßgärtner befohlen, mir alle Tage seltene Blumen zukommen zu lassen. Und was für Blumen waren das! Flaum aus zerfasertem Samt, wehmütig verblaßte alte Seiden in weiche Falten gelegt oder Stücke traurigen Purpurs. Eine Blume allein wie ein ganzes Bouquet. Und dann gab es zitternde Korollen und sanfte Kelche, über deren Blätter alle Herrlichkeiten der Sonnenuntergänge im Herbst verstreut lagen.

11. bis 20. Dezember

Mittags wieder in Schönbrunn. Es regnete nassen Schnee, und der Wind peitschte uns eiskalte Tropfen ins Gesicht. Wir mußten über große Wasserlachen springen.

– Wie Frösche jagen wir in den Tümpeln, sagte die Kaiserin. Wir sind wie zwei verfluchte Seelen, die in der Unterwelt irren. Für viele Leute wäre jetzt hier die Hölle. Ich habe gestern mit einer Dame gesprochen, welche mir von den Gletschern vorschwärmte – im Sommer natürlich – mit zwei Führern und angeseilt, damit man sie hinaufziehe. Hier möchte ich sie und ihren Mut sehen. Wenn sie wüßte, daß ich hier bin, daß ich heute hier spazierengehe, würde sie meinen, ich sei wahnsinnig geworden. Sehen Sie, meine Hofdamen haben es schon besser, die dürfen zu Hause bleiben und sich die Füße am Kamin wärmen. Sie stricken Strümpfe und lesen Romane. Ihnen wäre es auch lieber, nicht wahr, im warmen Zimmer?

– Wie können Majestät das sagen! Ich verbringe die Zeit in meinem Zimmer nur in der Erwartung, in der Hoffnung, daß Majestät mich zu sich rufen ...

– Mir ist so ein Wetter am liebsten. Denn es ist nicht für die anderen Menschen. Ich darf es ganz allein genießen. Es ist eigentlich nur für mich da, wie die Theaterstücke, die sich der arme König Ludwig allein vorspielen ließ. Nur ist es hier draußen noch großartiger. Es könnte eigentlich noch tolleren Sturm geben, dann fühlt man sich so nahe allen Dingen wie in Konversation.

– Sehen Majestät diesen alten großen Baum mit den schwarzen nackten Ästen, wie er allein dasteht und die Arme verzweifelt in die Höhe reckt? Er ist fast stärker als der Sturm, er rührt sich nicht.

– Sein Schmerz ist stärker als der Sturm. Er ist wie König Lear. Wenn er auch jetzt von einem Blitz getroffen würde, er hat den Tod doch besiegt.

Sie selbst war wie ein Bestandteil jener erregten Stimmung der Landschaft; aber sie nahm keine Notiz von sich selbst.

Sie hat die Eigenschaft, durch ihre bloße Anwesenheit das Ewige aus den Dingen an die Oberfläche zu bringen, wie hervorzuzaubern, als ob sie alle seit langem, in der Vereinsamung ihres dunklen Lebens, nur darauf gewartet hätten, aus sich selbst herauszutreten. So habe ich immer die Empfindung, eigentlich erst durch sie das wirkliche Wesen der Dinge zu erkennen.

Heute hat mich die Kaiserin erst um 4 Uhr nachmittags zu sich rufen lassen, anstatt um 11 Uhr mit mir nach Schönbrunn auszufahren. Der ganze Vormittag war der Waschung des Haares gewidmet worden. Dies geschieht alle 14 Tage. Deswegen trug sie das Haar jetzt offen über den Rücken, damit es trocken würde. Ihr Anblick in solcher Gestalt, wenn sie die Krone aufgelöst hat und nicht mehr die Stirn unter ihrem Gewicht neigen muß, ist womöglich noch anmutiger und dabei majestätischer, ihrem wahren Wesen angemessener. Sie ist dann auch mehr äußerlich Dryade, mehr Nymphe und Nereide. Eine ungeahnte Jugend entstrahlt ihrem Antlitz, ein Glück fast aus ihren Augen, wie jenes, welches die Bäume zeigen, wenn

Fächer und Schirm als Sichtschutz: Elisabeth und Franz Joseph in Bad Kissingen, 1898

sie im Wasser sich spiegeln, und aus den Linien ihres Körpers eine Musik, die noch lieblicher ist als gewöhnlich, weil sie, durch die Wellen der Haare gedämpft und verborgen, wie in Träumen und Ahnungen ertönt.

Über die roten, samtweichen Teppiche, die den Boden bedeckten, schritten wir auf und ab im Lichte der zahllosen Flammen einer ganzen Reihe großer hängender Lüster aus kristallenen Rauten und Perlen, im Hauch lebender Blumen, die überall kleine Inseln träumender Frühlinge bildeten, zwischen den stillen Wasserabgründen der Spiegel, in einer Luft, die so rein und kühl war wie die auf den Gipfeln der Berge – weil die Fenster (im Dezember!) alle offen standen – und lasen die Odyssee. In solcher Umgebung, in ihrer Nähe erwacht wieder aus den toten Versen die vergessene alte Rhapsodie: aus der Flucht offener Fenster dringt sie auf den stillen Burgplatz hinaus zugleich mit der Lichtflut. Gruppen von Menschen stehen gewöhnlich da im Dunkel und blicken auf die hellerleuchteten Fenster und die blinkenden Lüster, unter denen ein kaiserliches Wesen sein geheimnisvolles Leben webt: sie staunen oder sie ahnen, aber ihr Ahnen und ihr Staunen reicht niemals an die Wirklichkeit heran . . .

Der Kaiser ist heute während der Stunde hereingekommen. Die Friseuse versank in den Boden und entfernte sich flüsternd. Ich erhob mich von meinem Sessel, doch der Kaiser hieß mich meinen Platz behalten und sprach mit der Kaiserin mehreres auf ungarisch. Sein Antlitz war ernst und bekümmert. Ich hörte die Namen von Staatsmännern und politischen Persönlichkeiten. Die

Kaiserin hatte einen Ausdruck von intensiver Aufmerksamkeit im Antlitz; ihre Augen blickten vor sich hin, als ob sie einen winzigen Gegenstand scharf und durchdringend erfassen möchten. Dann antwortete sie dem Kaiser und unterbrach ihn des öfteren. Die ungarische Sprache tönte von ihren Lippen wie musikalische Perlen. Oft zuckte sie mit den Achseln und machte ein kleine Grimasse, die sehr vieles besagte und den Kaiser zum Lachen brachte. Dann erhob sich der Kaiser und schritt mit seinem elastischen festen Offiziersschritt aus dem Saal. Die Friseuse rauschte wieder herein, und die Kaiserin sagte zu mir auf griechisch:

– Ich habe jetzt mit dem Kaiser Politik getrieben. Ich möchte, ich könnte helfen: aber ich kann vielleicht besser griechisch. Ich habe auch zu wenig Respekt vor der Politik und erachte sie eines Interesses nicht wert. Interessieren Sie sich dafür?

– Nicht so sehr, Majestät, ich verfolge sie nur in ihren großen Phasen – wenn Minister fallen.

– Ah, die sind nur dazu da, um zu fallen; dann kommen wieder andere, sagte sie mit einem merkwürdigen Klang in der Stimme, der wie ein inneres Lachen war.

– Mich interessiert, Majestät, mehr das öffentliche Leben in Frankreich.

– Es ist gewiß amüsanter!

– Das finde ich auch, Majestät.

– Die Leute spielen dort besser Theater.

Nach einer Weile fügte sie hinzu:

– Überhaupt ist das Ganze ein solcher Selbstbetrug! Die Politiker glauben die Ereignisse zu führen und werden immer davon überrascht. Jedes Ministerium hat seinen Fall in sich, gleich vom ersten Augenblick an. Die Diplomatie ist nur dazu da, um von den Nachbarn irgendeine Beute zu ergattern. Aber alles, was auch geschieht, geschieht von selbst, aus innerer Notwendigkeit und Reife, und die Diplomaten konstatieren nur die Tatsachen.

Aus jeder der vielen Sprachen, die sie mit bewunderungswürdiger Vollendung beherrscht, macht sie Musik. Spricht sie ungarisch, dann ist es wirklich, als ob eine Quelle singende Tropfen, einen nach dem andern, in langer Wehmut fallen ließe.

– Griechisch ist diejenige Sprache, sagte sie mir, in der meine Gedanken und Worte wie schöne Wesen mir entgegenkommen, um mir eine ungeahnte innere Welt zu eröffnen. Der Anblick derselben macht mich das Außenliegende vergessen.

Heute trafen wir eine Dame auf dem Wege zum Gloriet; sie kam herab, während wir hinaufgingen. Sie trug kurz geschorenes Haar und hatte ein rotes Gesicht und einen resoluten Gang. Sie blickte die Kaiserin unverwandt, doch ohne zu grüßen, fast herausfordernd an. Die Kaiserin sagte:

– Die Dame hat Geist, weil sie ihr Haar kurz trägt; aber ich fürchte, sie hat es nur darum geschoren, damit man von ihr das sagen kann. Wenn ich meine Haare schneiden möchte aus Überzeugung, weil ich sie für unnötig halte, würden die Leute wie Wölfe über mich herfallen.

– Das wäre auch wirklich schade, Majestät. Die

Menschen meinen wohl: »Alles schickt sich nicht für jeden.«

– Nur die Borniertheit wird allgemein in Anspruch genommen.

Heute sagte sie:

– Die meisten Menschen wollen nicht, daß ihnen die Bande des Schicksals und des Lebens gelöst werden, sie glauben auf diese Weise den Gefahren ferner zu rücken. Aber wir hören trotzdem nicht auf, im Schatten des Schicksals zu leben, und dieser Schatten lauert auf jeden Fleck von Licht. Das Gemeinsame bei allen Menschen ist nicht der Geist, sondern das Schicksal. Manchmal aber wählt das Schicksal irgendeinen von uns zu einem herrlichen Gedicht oder zum Fraße wie den Ödipus oder die Medea ... Ich bitte, lesen wir morgen irgend etwas von Äschylos.

Später sagte sie:

– Die meisten Menschen sind unglücklich, weil sie sich in fortwährendem Konflikt mit der Notwendigkeit befinden. Wenn man nicht nach seiner Art glücklich sein kann, so bleibt einem nichts übrig, als sein Leid zu lieben. Nur das gibt die Ruhe, und die Ruhe ist die Schönheit auf der Welt. Die Schönheit ist die Ursache und der Zweck aller Dinge.

Heute vormittags übersetzten wir an unserem Othello weiter. Die Kaiserin deklamierte das Lied Desdemonas mit hinreißendem Ausdruck und fügte dann plötzlich hinzu, von leichter Ironie die Lippen gekräuselt:

– Es gibt doch noch etwas anderes als die Eifersucht und das Heldentum, und das sind die Weiden.

Später sagte sie:

– Man weiß nicht, warum die Frauen ihren Männern untreu werden! Die Antwort ist einfach: weil sie ihnen treu bleiben müssen. Dieses Gesetz fordert direkt dazu auf, weil es als Gesetz gilt. Und weiß man denn, ob der Gatte wirklich der Erwählte gewesen ist, den das Schicksal bestimmte? Die meisten Mädchen heiraten überhaupt nur aus Sehnsucht nach Freiheit. Übrigens hat die Liebe auch Flügel zum Fortfliegen.

Heute sprachen wir von der Tragik in den modernen Stücken. Die Kaiserin sagte:

– Ich glaube, die tragischen Konflikte wirken nicht durch sich allein, sondern durch etwas, das wir in unserem Leben immer erwarten und dem wir nun nahezukommen glauben. Eigentlich werden wir immer enttäuscht, denn es sind nur gewöhnliche Leidenschaften, die wir zu sehen bekommen, aber wir erkennen sie doch als etwas anderes an, als für was sie sich geben. Wenn wir ergriffen sind, so sind wir es nicht durch die Theatertragik, sondern durch die tieferen Laute, die in unserem Herzen erweckt wurden.

Ich las ihr Ibsens lyrische Gedichte vor und auch aus »Peer Gynt«. Letzteren hat sie herrlich gefunden. Sie hat bisher von Ibsen eigentlich gar nichts gewußt. Gewiß hatte sie keine Ahnung von seiner Bedeutung und Größe. Man hatte ihr bei Hofe von seinen Dramen gesprochen wie von schrullenhaften Abgeschmacktheiten, die leider noch immer (!) gegeben würden. Und trotzdem war bei ihr alles vorher da, bevor die Gedichte noch erdacht worden.

Heute bei der Stunde sagte mir die Kaiserin:

– Sie müssen sich sehr in acht nehmen vor den Intrigen des Hofes. Sie sind noch ein Neuling in diesen Sachen und wissen nicht, wo man die Fallen stellt. Ich rate Ihnen, bei Besuchen der Leute vom Hofe – Sie wissen, welche ich meine – sehr vorsichtig zu sein. Diese Menschen speisen alle Tage Fasane und Rebhühner, aber eine Stunde ohne Cancans würde sie sterben machen.

– Ich dachte, nicht nur Baron Nopcsa und die Gräfin Festetics, der ganze Hofstaat sei Euerer Majestät so sehr ergeben, daß ich mich hier ganz sicher bewegen würde.

– O ja! gewiß! Man ist der Kaiserin sehr ergeben. Vielleicht muß ich noch Gott danken, Kaiserin zu sein: sonst ginge es mir schlecht. Man liebt die Kaiserin hauptsächlich, weil man ihr zuliebe selbst etwas sein kann.

– Glauben Majestät nicht, daß es Zaubermächte gibt, die im Geiste und in der Schönheit der Seele wohnen? Ich kann mir nicht denken, daß irgendein Wesen, welches in die Nähe Eurer Majestät gekommen ist, sich diesem Zauber zu entwinden vermöchte. Ich meine, die Umgebung Eurer Majestät müßte jeden eigenen Willen verloren haben und nur in dem Eurigen leben.

– Sie möchten mich zu einer Circe machen; ich wünsche mir, ich wäre es. Dann würde ich auch viele Leute verwandeln wie die Freunde des Odysseus. Aber die Selbstsucht ist stärker als jede Zauberei. Sie sind noch zu jung und kennen nicht die Welt. Jeder Gruß hat seinen Zweck, jedes Lächeln will bezahlt werden. Wenn man das nicht für selbstverständlich hielte, würde man sich auch alle Auslagen ersparen.

– Erinnern sich, Majestät, im Park von Lainz, als die Eber uns drohend entgegenkamen, so daß ich sie mit einer Raspel, die Majestät mitgebracht hatten, verscheuchen mußte? Damals dachte ich mir immer, wenn sie nur nicht so feige wären und sich auf uns werfen wollten. Dann würde ich Eurer Majestät meinen Heroismus und meine Opferfreudigkeit beweisen. Dann könnten Majestät wenigstens eine Ausnahme von der Regel finden.

– O, seien Sie beruhigt! Die würden uns nie attackieren! – weil sie besseres zu tun haben; sie fressen Trüffel! – zum Glück für uns beide.

Und dabei lächelte sie heiter.

Ich habe instinktiv einen Tonfall der Stimme ihr gegenüber angenommen, der nur für ihr Ohr geeignet ist. Ich gehe immer einen Schritt hinter ihr her und lasse meine Worte aufeinanderfolgend in leisen Wellen ihr Gehör erreichen. Sie sagte mir heute diesbezüglich:

– Sie haben sehr richtig empfunden, daß man durch seine Stimme weder die eigenen Gedanken erwürgen, noch die der anderen verscheuchen soll.

Schönbrunn, 21. Dezember

Wir sprachen über ihre Reisen in Ägypten.

– Ich fühle mich außerordentlich heimisch in Kairo, sagte sie. Selbst im größten Gewühle der Lastenträger und der Esel fühle ich mich weniger beengt als auf einem Hofball und fast ebenso glücklich wie in einem Walde. Man muß Kultur und Zivilisation unterscheiden. Kultur findet sich auch in den arabischen Wüsten, vor allem noch im Süden und im Osten, wo die Zivilisation nicht vorgedrungen ist, auf den Meeren und auf den einsamen Wiesen. Die Kultur ersticken, heißt Zivilisation: sie ist im Westen zu Hause; sie ist eine Ablenkung und Fälschung der natürlichen Ziele der Existenz. Zivilisation sind die Tramways, Kultur die schönen freien Wälder. Zivilisation ist Belesenheit, Kultur sind die Gedanken. Die Zivilisation beansprucht jeden einzelnen Menschen für sich und gibt alle in einen Käfig hinein. Die Kultur hat jeder Mensch in sich, als Erbteil aller seiner Vorexistenzen, nimmt sie in sich auf mit jedem Atemzug, und darin liegt die große Einheit. Es gibt auch Abstufungen der Kultur und der Zivilisation, die aus entgegengesetzten Richtungen kommen und sich begegnen. Wo sie zusammenprallen, da bricht die stumme Klage des Lebens aus. Die Opfer sind die armen dürftigen Leute, denen man die Kultur genommen hat und ihnen dafür die Zivilisation aus der Ferne – unerreichbar – zeigt. In Paris durch die Straßen gehen ist mir sehr angenehm, weil der einzelne unter die Menge verloren geht. Auf die Weise nähert sich diese Zivilisation der Kultur.

Heute sagte sie mir noch:

– Wenn eine Hofdame bei mir ist, bin ich ganz anders. Sie haben das gestern bemerkt. Ich muß den Gräfinnen immer etwas sagen, damit sie antworten können. Das ist nämlich ihr Dienst. Es ist der größte Schrecken der Könige, immer fragen zu müssen. Ich habe mir aber überhaupt eine große Auswahl von Fragen aufgespeichert, weil ich selten dazu komme, sie öffentlich zu verteilen.

Wenn Sie zu mir sprechen, antworte ich oft nur mir selbst, oder ich spreche zu Ihnen und antworte dabei auf eine Frage, die ich mir selbst gestellt habe, denn Sie sind keine Hofdame: das ist das Gute bei Ihnen. Wenn Sie und die Gräfin bei mir sind, wird es sehr interessant: da muß ich wie zwischen zwei Winden lavieren, und jeder von euch beiden fühlt mich gegen sich verändert und hält den andern für den Schuldigen.

22. bis 31. Dezember

Heute sagte sie beim Frisieren:

– Sie müssen entschuldigen, heute bin ich zerstreut. Ich muß meinen ganzen Geist auf die Haare verwenden: denn sie (die Friseuse) hat sich krank gemeldet und die junge Dame hier (das Kammerfräulein) ist noch nicht so eingeweiht in alle Mysterien. Nach einigen solchen Frisiertagen bin ich wieder ganz mürbe. Das weiß Jene und wartet auf eine Kapitulation. Ich bin die Sklavin meiner Haare. Vielleicht werde ich mich doch noch einmal befreien. Aber ich lasse die Dinge kommen, wie sie wollen. Man muß sich seinem Schicksal nicht entgegenstellen. Sonst schlägt es frühzeitiger d'rein und zu noch größerem Unheile.

Schönbrunn

Während wir heute spazierengingen und von dem Schönheitssinn bei den Menschen sprachen, sagte die Kaiserin:

– Man muß nicht glauben, daß die sogenannten »schönen« und »edlen« Seelen allzu wenige sind, zumal in Deutschland. Leider, leider! Es gibt nämlich nichts Lächerlicheres als die menschlichen Begeisterungen. Gerade die Begeisterten sind die unerträglichsten Leute.

Als wir über Leben und Weltsysteme sprachen, begann sie mit einer Stimme wie flüssige Ironie zu deklamieren:

Zu fragmentarisch ist Welt und Leben –
Ich will mich zum deutschen Professor begeben.
Der weiß das Leben zusammenzusetzen.
Und er macht ein verständlich System daraus:
Mit seinen Nachtmützen und Schlafrockfetzen
Stopft er die Lücken des Weltenbaus.

Ich erzählte der Kaiserin, daß ich in Innsbruck ihre Schwester, die Herzogin von Alençon gesehen hatte und daß ich oft nach Mentelberg pilgerte, um Gelegenheit zu haben, sie in der Nähe des Schlosses zu erblicken. – Haben Sie auch ihren Hund gesehen? frug die Kaiserin. Sie hält große Stücke auf ihn. Wer von beiden hat ihnen mehr gefallen?

– Majestät – –!

– Sie würde Ihnen nie verzeihen, wenn Sie – ihren Hund nicht bewundert hätten.

24. Dezember

Zu ihrem heutigen Geburtstag brachte ich der Kaiserin Veilchen und ein antikes Tränenkrüglein, das ich aus Athen mitgebracht hatte. Sie nahm diese »Geschenke der Trauer und der Tränen«, wie sie sagte, huldvollst an. Ich bemerkte dabei:

– Euere Majestät mögen nur Freudentränen in diesem Krüglein verwahren.

– Da wird es immer leer bleiben, erwiderte sie, und für die anderen ist es zu klein.

Heute sagte sie:

– Wenn ich unter den Leuten mich bewege, so gebrauche ich dazu nur jenen Teil von mir, der mir mit ihnen gemeinsam ist. Die Menschen sind erstaunt, mich dann ihnen so ähnlich zu finden, weil ich sie über das Wetter befrage oder über den Preis der Bäckerei. Ich verliere nichts dadurch. Es ist wie ein altes Kleid, das man von Zeit zu Zeit aus dem Schrank herausnimmt und auf einen Tag anzieht.

Heute sagte sie:

– Die Seele der Völker ist das gemeinsam Unbewußte in jedem Einzelnen. Was jeder von uns nicht weiß, das wissen die Mengen. Wenn die Bäume blühen oder Früchte tragen, so tun sie es nach denselben Gesetzen, nach welchen die Völker prosperieren.

Schönbrunn

Das Knie hat sie heute sehr geschmerzt. Sie leidet stark an Ischias in diesem Winter, wie sie mir sagte. Sie mußte sich von Zeit zu Zeit mit Schnee einreiben, um Linderung zu finden. Sie tat dies selber, im Freien, wobei sie mich bat, ihren Schirm zu halten und mich einige Schritte zu entfernen. Sie kam jedesmal hochgerötet vor Anstrengung und Pein zurück. Der Anblick dieser Kaiserin der Seele, die der gemeine physische Schmerz zu quälen wagte, hat mich ganz erschüttert . . .

– »Femme varie, fol – est qui s'y fie*«: das ist mein Motto, sagte mir heute die Kaiserin beim Frisieren, als sie mir mitteilte, daß wir heute nicht, wie sie am Vortage bestimmt hatte, um 1 Uhr nachmittags, sondern schon um 11 Uhr ausfahren würden. Auch der Kaiser hat es heute zum erstenmal kennengelernt, fügte sie hinzu, und war über meine Aufrichtigkeit erstaunt; d. h., aus Erfahrung hat er es vielleicht schon gekannt, aber geschrieben sah er es heute zum erstenmale.

– Was sagen Majestät zu diesem anderen Wahlspruch: »Mon cœur, ne t'y fie**«?

– Warum? Haben Sie kein Vertrauen zu sich selbst. Ich lasse mich von nichts beeinflussen. In meinem Wahlspruch liegt meine ganze Philosophie. Der Wechsel ist der Reiz des Lebens. Es ist damit wie beim Meer.

Das sagte sie. Aber ihre Gedanken, ohne in Worte gekleidet zu sein, sprachen noch weiter wie in einer inneren Hörweite; wenigstens entstand ein Echo davon in meinem Innern: »Das Leben ist wie das Meer: in den Wellen der Erscheinungen besteht seine Ewigkeit und in den Tiefen seiner Rätsel leuchtet sein Wert.« Dann tauchte wieder ein früherer Ausspruch von ihr in mir auf: »Wenn diese ganze Existenz nur provisorisch ist, wozu braucht man die Beständigkeit, zu suchen? Man muß Gleiches durch Gleiches unschädlich machen. So überwindet man auch diese Krankheit. Das Leben hat nur den einen Zweck, in seiner jeweiligen Form überwunden zu werden wie eine Krankheit. Und wenn man es überwinden

* »Frauen sind wankelmütig, auf sie zu bauen ist reiner Wahn.« (Anmerkung d. Herausgeberin)

** »Traue nicht Deinem Herzen.« (Anmerkung d. Herausgeberin) will, darf man sich vor nichts fürchten, soll man alles wünschen, gegen alles gleichgültig sein. Dann erst wird man reif zur *Metempsychose*.«

1. Jänner 1892

Sie ließ mich heute vor dem Ausfahren nochmals in den Salon rufen. An der offenen Tür zwischen dem Salon und ihrem Boudoir waren Seile, Turn- und Hängeapparate angebracht.

Ich traf sie gerade, wie sie sich an den Handringen erhob. Sie trug ein schwarzes Seidenkleid mit langer Schleppe von herrlichen schwarzen Straußfedern umsäumt. Ich hatte sie noch nie so pompös gekleidet gesehen. Auf den Stricken hängend, machte sie einen phantastischen Eindruck wie ein Wesen zwischen Schlange und Vogel. Um sich niederzulassen, mußte sie über ein niedrig aufgespanntes Seil hinwegspringen.

– Dieses Seil, sagte sie, ist dazu da, damit ich das Springen nicht verlerne. Mein Vater war ein großer Jäger vor dem Herrn, und er wollte, daß wir wie die Gemsen springen lernen.

Dann bat sie mich, die Lektüre aus der Odyssee fortzusetzen. Sie wollte heute später ausfahren, weil sie einige Erzherzoginnen zum Empfang erwartete, weswegen sie auch diese ausnehmend zeremonielle Robe anziehen mußte, wie sie mir sagte.

– Wenn die Erzherzoginnen wüßten, sagte sie, daß ich in diesem Kleid geturnt habe, sie würden erstarren. Aber ich habe dies nur »en passant« getan, sonst erledige ich diese Sache immer in der Frühe oder abends. Ich weiß, was man den Fürstlichkeiten schuldig ist.

Schönbrunn, 10. Jänner

Wir sprachen über das Theater, und zwar über die letzte Hamlet-Vorstellung im Burgtheater, der ich beigewohnt hatte.

– Ich fand, Majestät, daß Hamlet seine schöne Tirade an die Schauspieler sich am besten hätte selbst sagen sollen.

– Also waren sie nicht zufrieden? Und sie zitierte dabei aus dem Gedächtnis: »O, es ärgert mich in der Seele, wenn solch ein handfester haarbuschiger Geselle eine Leidenschaft in Fetzen, in rechte Lumpen zerreißt ... Sein Bramarbasieren: es übertyrannt den Tyrannen.«

– Ja, so ist es, Majestät. Ich denke Shakespeare hätte dieses Spiel seiner unwürdig gefunden.

– Ich hätte auch keine Lust, sagte sie, ihn aufgeführt zu sehen. Ich spiele ihn mir besser selbst vor, glaube ich. Überhaupt, wenn wir allein mit dem Dichter sind, so ist der Dichter unser Schauspieler oder wir sind es selbst. Im ersten Fall können wir uns nicht beklagen und im zweiten wollen wir es nicht.

– O diese Ophelia, Majestät, was ist das für eine Gestalt! – im Stück meine ich, nicht auf der Bühne.

– Haben Sie nicht bemerkt, daß bei Shakespeare die Wahnsinnigen die einzigen Verständigen sind? So weiß man auch im Leben nicht, wo die Vernunft und wo der Wahnsinn sich findet, sowie man auch nicht weiß, ob die Realität der Traum oder der Traum die Wirklichkeit ist. Ich neige dazu, jene Leute für vernünftig zu halten, die man wahnsinnig nennt. Die eigentliche Vernunft hält man für »gefährliche Verrücktheit«.

Nach einiger Zeit kamen wir auf die Vorführung von

Theaterspielen in den Theaterstücken bei Shakespeare zu sprechen.

– Das ist sehr tief, sagte die Kaiserin. Shakespeare wollte damit sagen, daß unser ganzes Leben nur ein Theaterspiel sei. Wir spielen uns immer selbst. Das Spiel auf der Bühne ist ein Theaterspiel unseres Theaterspiels. Wenn dann eine Bühne auf der Bühne vorkommt, so ist es die Bühne in dritter Generation. Das wirkt um so erschütternder. Aus den Leidenschaften, die uns so in Sehweite vorgeführt werden und eigentlich nur Lärm und Pantomimen sind, ahnen wir erst die wahren Begebenheiten der Seele. Je ferner wir uns selbst werden, desto tiefer sehen wir in uns. Wie in einem Spiegel erblicken wir dann unser Schicksal.

Schönbrunn, 21. Jänner

Wir sprachen heute während der Promenade von Dante Gabriel Rossetti und Burne-Jones:

– Das sind Seelen, sagte die Kaiserin, die aus einer verklungenen Zeit neuerdings auf die Erde gekommen sind, um die Träume früherer Menschen fortzusetzen und die der späteren zu ahnen. Sie haben diese Träume aus dem Chaos hervorgezogen, wo sie vor Anfang aller Zeiten schwebten und nur darauf warteten, daß sie jemand erschaue. Auch die geistigen Dinge wollen geboren werden, um die Vollendung ihres Todes zu erreichen ...

1. Februar

– Um Gottes willen! rief sie mir heute bei der Stunde mit gedämpfter Stimme zu, während die Friseuse ihr Haar flocht. Blicken Sie sie nicht an. Ich fühle jeden Ihrer

Blicke an meinen Haaren. Eine merkwürdige Faszination üben diese Griechen aus! Ich werde meinen Arzt bitten, er möge Ihnen ein Paar Scheuklappen verschreiben, wie für die jungen Pferde: die müssen Sie jeden Morgen aufsetzen.

– Wissen Sie, welches mein liebstes Shakespeare-Stück ist? frug sie mich, nach einer Weile, ganz plötzlich:

– Hamlet, Majestät?

– Nein, der »Sommernachtstraum«. Haben Sie das Bild in Ihrem Zimmer in Lainz nicht gesehen – Titania mit dem Eselskopf? Das ist der Eselskopf unserer Illusionen, den wir unaufhörlich liebkosen. Ich habe in jedem Schlosse ein solches Bild: ich kann mich daran nicht satt sehen.

Heute führte sie mich in ein kleines Zimmer, dessen Wände mit Bildern von Pferden buchstäblich bedeckt waren. Es waren herrliche Bilder von herrlichen Tieren.

– Sehen Sie, sagte sie mir, so viele Freunde habe ich schon verloren und keinen einzigen gewonnen. Viele davon sind für mich in den Tod gegangen, was kein Mensch je getan haben würde; eher würden sie mich ermorden.

Schönbrunn, 19. Februar

Wir sind heute, den ganzen Nachmittag hindurch, ausschließlich jene beiden von zwei Seiten zum Gloriet so sanft aufsteigenden Wege auf- und niedergegangen. Graue, müde Stunden. Der Himmel wie von Asche. Die Bäume froren. Die abgefallenen Blätter in dichten Schichten unter den Bäumen, wie verwelkte Gedanken und verschollene Freuden, und darunter lagen die toten

Stunden wie in Gräbern. Auch die wenigen Blätter, die noch an den Bäumen hingen, schienen gekrümmt wie im Schmerz. Die Luft war unbeweglich und schwer wie stehendes Gewässer. Wir gingen, ohne zu sprechen, immer dieselben Wege auf und nieder, an der einen Seite hinauf und an der andern hinunter, einen Kreis um das Symbol des Gloriets schließend.

Die Kaiserin war heute ausnahmsweise wortkarg: ihre Bewegungen entbehrten jene herrliche Ruhe und Milde der Linien, die ihnen sonst zu eigen war und die sie mit niemand anderem teilt; das Blut stieg ihr von Zeit zu Zeit in die Schläfen. Ich fühlte, daß eine fremde, ihrem Innern feindliche Atmosphäre sie umfangen hielt.

– An solchen Stunden fühlt man das Leben besonders schwer lasten, sagte ich, als wir wieder auf der Höhe des Gloriets angekommen waren, wie um das Schweigen in mir austönen zu lassen.

– Sie meinen das Leben, das wir als entwickelte Herdentierchen führen müssen? erwiderte die Kaiserin mit leichter Ironie in der Stimme. Das ist nichts Neues! Es ist so finster und unwahr, daß man gar nicht zu versuchen braucht, es erträglich zu finden.

Nach einer kleinen Pause fügte sie hinzu:

– Oft komme ich mir vor wie dicht verschleiert, ohne es zu sein, wie in einer innerlichen Maskerade: im Kostüm einer Kaiserin.

– Ja, Majestät, wir halten die begleitenden Erscheinungen und die äußeren Bedingungen der Existenz für das sublime Leben selbst, während es nur Trabanten und Knechte um die verschlossene Sänfte einer Fürstin sind:

etwas roh Kämpfendes und geräuschvoll Aufdringliches um das Leben herum, wie mit finsteren Schatten und falschen Lauten das Köstliche nach außen verdeckend und verleugnend. Und dies alles, das uns eigentlich fremd ist, verwechseln wir mit dem, was uns einzig und allein zu eigen.

Die Kaiserin entgegnete:

– Deshalb müssen wir nach Möglichkeiten trachten, wenigstens einige Augenblicke zu erretten, an welchen wir, jeder nach seiner Art, in unser eigenes Leben kommen können. Ich entdecke mich jedesmal neu, wenn ich in eine andere Atmosphäre gelange, die noch niemand eingeatmet und verbraucht hat. Dann atme ich tief auf, wie aus einer neuen Brust. Wenn ich mich ganz allein in einer einsamen Landschaft befinde, von der ich weiß, daß sie nicht oft betreten wird, fühle ich, daß meine Beziehungen zu allen Dingen ganz verschiedene werden, als wenn auch andere Menschen dabei sind: nur an diesem Unterschiede erkenne ich mich selbst – auf dem Meer, in den weiten Ebenen, wo es keine Winkel gibt, in denen die Menschen sich so gerne ansetzen wie Staub. Das Leben unter den Menschen uniformiert uns alle zu einem schwarzen Haufen, dem nur das Gemeine gemeinsam ist.

– Eigentlich empfinden die Menschen das alles nicht, solange sie leben, sagte ich; erst wenn wir sterben, glaube ich, beginnen wir ernst und tief zu leben.

– O nein, sagte die Kaiserin, auch im Leben leben wir so, nur sehen und fühlen wir unser Leben nicht; beim Tode erst fallen die Schuppen von unseren Augen. Es gibt aber Menschen, die noch als Lebende dem Tode näher sind als dem Leben. Wir haben gewöhnlich keine Zeit, den Himmel anzusehen, der auf unsere Blicke wartet. Ich habe einmal in Tölz eine Bäuerin gesehen, wie sie die Suppe den Knechten austeilte: sie kam gar nicht dazu, ihren eigenen Teller zu füllen.

– Der Gedanke an den Tod müßte an und für sich schon unser Leben verschönern, bemerkte ich. Alle irdischen Dinge bekommen dadurch, daß sie vergänglich sind, einen tiefen inneren Wert und die Bedeutung von Symbolen:

– Ja, sagte sie, der Todesgedanke reinigt wie ein Gärtner, der das Unkraut jätet, wenn er in seinem Garten ist. Aber dieser Gärtner will immer allein sein und ärgert sich, wenn Neugierige in seinen Garten schauen. Deswegen halte ich den Schirm und den Fächer vor meinem Gesicht, damit er ungestört arbeiten kann . . .

So gingen wir, leise sprechend oder vielmehr den Monologen unserer Gedanken lauschend, den Weg, der vom Gloriet hinabstieg, gegen das Schloß zurück. Ich blickte da wieder zu jenem Schirm und jenem Fächer auf – dem berühmten schwarzen Fächer und dem allbekannten weißen Schirm – treuen Begleitern ihrer äußeren Existenz, die fast zu Bestandteilen ihrer körperlichen Erscheinung geworden. In ihrer Hand sind sie nicht das, was sie den anderen Frauen bedeuten, sondern nur Embleme, Waffen und Schilde im Dienste ihres wahren Wesens. Wenn sie hoch auf dem Gipfel eines Berges steht, mitten im Brand der Sonne, da der große Mittag sich auf die Felsen wälzt und die Einsamkeit sehnsüchtig tönt, dann schließt sie den weißen Schirm, der ihren Kopf von allen Seiten verdeckt, dann senkt sie den schwarzen Fächer vor der Blässe ihres Antlitzes: sie selbst sagte mir dies einmal in Lainz. Nur das äußerliche Leben der Menschen als solches will sie damit abwehren, es an sich selbst nicht zur Geltung kommen lassen, den »Herdengesetzen entwickelter Tierchen« sich nicht beugen; ihr inneres Schweigen will sie unentweiht hüten; die verschlossenen Gärten der Trauer, die sie in sich birgt, will sie nicht verlassen, jene Gärten, aus denen die Menschen sich selbst ausgestoßen haben. Und da neigt sie sich ohne Unterlaß über die ewigen Blumen des Schmerzes, die in ihrer Brust blühen, und lauscht den Lauten der lebenden Weltschönheit, die diesen Kelchen entquellen und in sich selbst verquellen und den Kern ihres Wesens weben.

– Was ist die Freude, Majestät? frug ich, als wir schon in das kleine Gartenparterre getreten waren, das vom rechten Schloßflügel gegen Hietzing zu sich ausdehnt. Die Kaiserin schritt sehr rasch, denn die Schloßuhr, die mit ihrem großen Auge, so nutzlos für die Bäume, in diesen Garten hineinschaute, zeigte schon bald auf 6 Uhr abends.

– O die Freude! sagte sie, während sie mehr lief als ging, die Freude ist nur ein flüchtiges Ding, eine Episode, ein Lückenbüßer, während man auf die Sehnsucht wartet, die kommen soll. Diese kommt immer, denn sie ist die Erwartung des Schicksals, das zu erreichen unser Lebenszweck ist; sie ist das Traurigste, das es in der Welt nur gibt, und deswegen auch das Herrlichste. Alle Wesen, die schön sind, warten auf ihr Schicksal, und wenn sie davon nicht abgehalten werden, sind sie auch traurig.

Sehen Sie, jetzt muß ich wieder laufen, weil ich schon solange von dem lieben Leben weggeblieben bin; Mein schwedischer Arzt erwartet mich wieder, um mich zu massieren – ich nenne das »kneten«. So wenig kaiserlich ist mir dabei zumute! – und dabei lachte sie laut auf. Als ich in meinen Wagen stieg, sagte ich mir: »Sie hat gelacht! Sie kann eigentlich nicht lachen und will nie lachen, solange sie sich in ihrer wahren Gestalt befindet. Nur wenn die Realität sie berührt, nur in Beziehungen zu den sogenannten menschlichen Dingen lacht sie. Lachen heißt wohl für sie, sich innerlich entfernt sein!«

Schönbrunn, 22. Februar

Heute sagte ich zur Kaiserin, als wir von der Promenade zurückkehrten:

– Ich kann mich nicht genug verwundern, daß der Gang Euerer Majestät nach stundenlangem Gehen nicht die geringste Müdigkeit verrät.

– Ich werde auch niemals müde, entgegnete sie. Wir, meine Schwestern und ich, haben dies unserem Vater zu verdanken. »Man muß auch gehen lernen«, sagte er uns immer und hielt uns einen berühmten Lehrmeister dafür. Aber unser Lehrer, fügte sie heiter hinzu, schärfte uns jedesmal ein: »Man muß bei jedem Schritt, den man tut, von dem früheren sich ausruhen können, sowenig wie möglich sich über die Erde schleifen.« Nur ein Beispiel sollten wir uns vor Augen halten: Die Schmetterlinge. Meine Schwester Alençon und die Königin von Neapel sind berühmt wegen ihres Ganges in Paris. Aber wir gehen nicht, wie Königinnen gehen sollen. Die Bourbonen, die fast nie zu Fuß ausgegangen sind, haben eine eigene

Gangart bekommen – wie stolze Gänse. Sie gehen wie wahre Könige ...

25. Februar bis 5. März

Wir lesen die Werke Carmen Sylvas. Die Kaiserin hat die gekrönte Dichterin sehr gerne.

– Ihre Jugendlichkeit ist bewunderungswürdig, sagte sie. Sie ist noch immer der deutsche Backfisch, trotz ihrer exotischen Königskrone und ihrer weißen Haare. Und auch ihre Gefühlswelt ist dieselbe geblieben, obwohl sie inzwischen unglückliche Mutter geworden ist. Sie ist noch immer so impulsiv und leicht entflammt und rasch versiegend. Darunter leiden auch ihre Werke. Sie hat keine Geduld, in ihren Gedanken sich aufzuhalten und zu vertiefen, als ob sie vergehen würde vor Durst nach Erlebnissen, hinter welchen sie das Unerreichbare zu erreichen hofft. Deswegen findet sie nie die Ruhe, die das einzige Ziel ist. Man muß auf die Tat verzichten. Nur das Ungeschehene ist das Ewige ...

Die Kaiserin hat die »Zorneslocke« bei einer der Heldinnen Carmen Sylvas köstlich gefunden – das war nämlich eine Locke, die sich vor jedem Zornesausbruch drohend erhob ...

Schönbrunn

Sie übersetzte heute den fünften Gesang der Odyssee (Abschied von Kalypso und Ankunft in Scheria) aus dem Deutschen, wie ich ihn ihr vortrug, in das Neugriechische mit großartigem Schwunge.

– Jetzt singen wir das Präludium zu unserer Fahrt nach Korfu, sagte sie. Wenn uns Heine nicht gesagt hätte, daß die Götter Griechenlands tot seien und höchstens über die Wahrheiten, die man ihnen sagt, erröten, müßten wir auch Zeus und Poseidon anflehen, uns eine glückliche Fahrt zu bescheren. Sie als Grieche fürchten gewiß nicht das Meer. Werden Sie seekrank? Wenn es der Fall ist, werden Sie keine große Freude an meinen Reisen erleben. Ich bin wie ein Sturmvogel. Ich lasse alle Segeltücher abnehmen, um den Anblick der zornigen Wellen nicht zu entbehren; und jedesmal, wenn eine über Deck schlägt, möchte ich aufjauchzen. Können Sie alles dies?

– Vielleicht doch, Majestät. Überdies ist die Reise nach Korfu jetzt nicht mit solchen Schrecken erfüllt.

– Ja, leider! Das ist auch ein Nachteil der Zivilisation. Ich bin einmal über den Ozean gefahren: auf der Yacht »Chazalie«, die war nur wie ein großes Boot – aber nur über ein Stück des Ozeans. Ich hätte so gerne den ganzen Ozean durchquert auf jenem Boot.

Miramare

Miramare, 6. März 1892

Wir sind heute mit dem Hofzug angekommen. Sonne nach dem Regen, der vielleicht nasser Schnee gewesen. Oben auf dem Karst lag noch der Schnee in losen Klumpen auf den letzten Rändern der Steine und in den Ästen verzwergter Bäume, unwahrscheinliche Gleichgewichtskünste ausführend – böse Erinnerungen, die nicht weichen wollten; aber im Glanz der Sonne hatten sie jeden Schrecken verloren. Auf dem Bahnhof von Grignano ausgestiegen. Der Park des Schlosses reicht bis hier herauf, und er duftet und dampft nach dem Regen.

Die Kaiserin mit Baron Nopcsa, dann die Gräfin Janka Mikes, ich und das übrige Gefolge; wir schreiten über die feuchten Kieswege unter tropfenden und schauernden Bäumen, die in Terrassen hinabsteigen unaufhaltsam dem Meer zu, das sie gar nicht mehr verlassen wollen. Und dann die überwältigende Offenbarung des Meeres selbst. Das Schloß erfüllt mit der dunklen Trauer der Vereinsamung; schwarzgetäfelte Wände im Vestibül, das auf das Meer und den Garten hinausgeht; wundervoll geschnitzte Treppen, die von knarrenden Schritten träumen; nachgedunkelte Bilder von spanischen Habsburgern: Don-Juan-Gestalten mit Fieber in den Blicken und schwellenden Unterlippen, schwermütige Augen gebrechlicher Infantinnen, deren schmale Hände auf den schweren Falten ihrer Seidenkleider ruhen, auch Kindermündchen von kaiserlichen Kindern, deren Wangengrübchen in große steife Halskrausen eingerahmt sind ...

Mein Zimmer im großen Turm mit dem Ausblick auf die Unendlichkeit des Meeres. Weiße Möwen wie unruhige Träume vor meinen Fenstern, mit lautlosem Flügelschlag über dem Spiegel des Meeres kreisend: strahlend heben sie sich von dem Himmel und dem Meere ab ... Rotseidene Möbel mit hohen vergoldeten Lehnen. In dem Seidenstoff ist der mexikanische Adler, ein Reptil* im Schnabel zerbeißend, eingewoben – eine Ironie der Geschichte, daß der Adler an dem Reptil selbst zugrunde gegangen, bevor noch der Stoff abgenützt worden ... Eine Italienerin von riesenhaften Dimensionen bedient mich; zugleich mit einem Lakai serviert sie mir das Dîner

* Napoleon (Anmerkung d. Herausgeberin)

(ich habe noch nie so große Krebse gesehen: eine Schere füllte meinen Teller aus, und dabei waren sie rosenrot wie Korallen). – Beide dienende Seelen versehen seit Kaiser Maximilians Zeiten den Schloßdienst. Mit naiver Lustigkeit und unerschöpflicher Geschwätzigkeit erzählen sie die traurigsten Dinge.

Die Kaiserin läßt sich in einem blassen blauseidenen Boudoir frisieren. Die Wände sind mit den Bildern der belgischen Königsfamilie geschmückt; diese erinnern mich daran, daß das Schicksal der Königsgeschlechter (nämlich das Unglück derselben – denn das Schicksal ist immer unheilvoll) sich durch die Bande des Blutes auf andere überträgt.

Die Sonne verging hinter den Bäumen. Die schwarzen Zypressen waren an ihren äußeren, immerwährend fallenden und doch so regungslosen Linien wie von herabfließendem Goldhaar umsäumt: und dazwischen hindurch nahm die Sonne Abschied, als gälte es für immer ... Wir sind an einer großen Pinie vorübergegangen, die in rotes Gold gebadet war. Aus ihrer Krone erhob sich lautes Geschrei von streitenden Sperlingen.

– Sie macht sich gar nichts daraus, sagte die Kaiserin. Die Linien ihrer Krone bleiben dieselben.

Weiterhin schwiegen wieder alle Bäume. Wir gingen dann bis an den Strand hinab. Von dem Wipfel einer Zypresse hart am Meer ertönte plötzlich, lang und wiederholt, ein trostloser Vogelschrei, der der Scheidenden galt. – Wie sie stirbt, sagte ich, Majestät, wie sie sich in den großen Abgrund stürzt mit den wallenden Purpur-

»Dunkle Trauer der Vereinsamung«: Schloß Miramar bei Triest

schleiern ihrer Sehnsucht und von so vielen Harfenklängen begleitet!

Die Kaiserin, die einen Augenblick lang in dieser einsamen Feerie versunken schien, wendete plötzlich ihr Antlitz zu mir und sagte mit ihrer singenden Stimme:

Mein Herrlein! sei'n Sie munter
Das ist ein altes Stück:
Hier vorne geht sie unter.
Und kehrt von hinten zurück ...

– In solchen Augenblicken, fügte sie hinzu, ernst werdend, soll man nur an eines glauben, an die Größe der Nichtigkeit.

Das Meer so weit, so weit und so öde, und die Wellen, die an den Klippen brechen, so müde! Ihre Stimmen, wie ein leises Rascheln von dürren Blättern – ein Flüstern, das plötzlich scheu verstummt. O, diese Mondnächte auf dem Wasser! welche Märchen von Stille, die wie Schreie voller Exasperationen in uns widerhallen! Und eine Einsamkeit ohne Ende, ein Versiegen in die eigene Tiefe über das sinnliche Erfassen hinaus.

– Welches Dunkel, Majestät, liegt unter dieser rieselnden Wonne begraben, welche Tiefen verschweigen ihr Stöhnen, weil sie immer Tiefen bleiben müssen. Wie ein Lichtstrom des Lebensglückes aus undenkbaren Fernen ergießt es sich bis zu den Klippen und bricht dann ab, weil die Klippen da sind: es ist als ob er fortrieseln möchte, immer fortrieseln auf dem Spiegel der Seele über alle stöhnenden Tiefen.

Da sagte die Kaiserin:

– Den Klippen ist solches Glück nicht beschieden. An den Klippen muß das Licht brechen. Ich bin wie eine Klippe. Es wagt sich nicht an mich heran. Und wenn es auch käme – es gibt Finsternisse, an denen alle Lichtstrahlen zerfließen, die alles Licht aufsaugen und nie wieder zurückgeben.

Und wie sie das sprach, vermeinte ich ihre Augen von innen heraus leuchten zu sehen.

Wir sind an einem kleinen Teich ganz abseits vom Schloß vorübergekommen, auf welchem Enten schwammen. Die Sonne ging gerade hinter den Bäumen unter und goß Gold auf das Wasser, und so wurden auch die demütigen Hausvögel phantastisch und prächtig. Eine nach der andern traten die Enten aus dem goldenen Wasser und blieben still am Ufer stehen, wie vom Nachdenken über traurige Rätsel erfüllt, und die Kaiserin sagte:

– Niemand bekümmert sich um ihre Gefühle. Man behandelt sie fast wie Köchinnen, weil man sie zu der Küche in Beziehung bringt. Wer weiß, ob sie nicht einmal auch Königinnen gewesen sind ... Wenn ich wieder auf die Erde komme – – aber da brach sie plötzlich ab.

Wir sprachen heute vom englischen Dichter Swinburne, den sie so sehr liebt. Sie erzählte mir von der ruhigen Verzweiflung, womit er die fliehende Schönheit und die Verzauberung, die das Glück versiegen machen, beklagt – von seinen antiken Chören, welche die Geschenke der Trauer und der Tränen besingen – dann von dem Leben, das man nicht abwerfen kann, weshalb das Schiff der Menschen nach den seligen Inseln segelt in das hesperische Meer, um dort aus dem Bereiche des Todes zu kommen ... Wie herrlich war diese Welt, die sie mir erschloß! Wie in einer unerklärlichen Perplexität und unter der Unerträglichkeit eines unbestimmten herrlich wilden Wunsches riß ich einen Zweig mit jungen, frischen Blättern ab, der meinen Kopf gestreift hatte, und drückte mein Gesicht darin. Ein herber durchdringender Duft von unausgelebter Jugend brachte mir fast Tränen in die Augen. All das Ungeschaffene ahnte sich in mir; alle Keime der Zukunft fühlte ich sich nach Vollendung sehnen. Die Kaiserin aber sagte mir:

– Warum haben Sie den Zweig abgebrochen? Sie sind so grausam wie das Schicksal.

Dann sagte sie:

– Die Kunst ist nur die Schöpfung unserer Sehnsucht nach der Existenz, wie sie uns sein sollte; sie entsteht aus unserem Heimweh nach dem einzigen Vaterland und ahnt dessen Formen.

15. März

Heute werden wir uns auf die »Miramare« einschiffen, die schon seit vorgestern aus Pola angekommen ist und vor dem Schlosse Anker geworfen hat: ein Raddampfer von dem zarten Bau und den geschmeidigen Formen einer Yacht, dabei größer als die Privatyachten zu sein pflegen. Aus dem Fenster meines Zimmers, das den oberen Teil des großen Turmes einnimmt, sehe ich das Schiff jetzt auf dem grauen Meer leise schaukeln: der einzig dunkle Punkt auf all dieser Untröstlichkeit, die sich in die milchweißen Dünste der Ferne erstickt. Das Leben scheint auf der ganzen unabsehbaren Meeresfläche innezuhalten, und in dem leisen Schaukeln des einsamen schwarzen Schiffes konzentriert zu sein . . .

– Bevor wir uns einschiffen, wollen wir noch unsere Lieblingsplätze aufsuchen, sagte mir die Kaiserin gestern abends.

Wir gingen durch das Blumenparterre, zwischen früherschlossenen Blüten, die voll des Zaubers der Zartheit und der Kümmernis waren, dann gegen die Hirscheninsel bis zum Chalet; endlich ohne eine Erklärung nötig zu halten, fast instinktiv, wendeten wir unsere Schritte nach dem Pavillonschlößchen, das die Kaiserin Charlotte bewohnte, nachdem sie aus Mexiko allein zurückgekehrt war. Als Wahnsinnige hat sie es bewohnt, als solche es auch verlassen. Einsam und stumm steht es da mit fest verschlossenen Fenstern. Zweignetze von Kletterrosen, die noch ganz dürr sind, umschlingen die Veranda und die Mauern, wie haften gebliebene tote Dinge – Erinnerungen an verwelkte Freuden: man kann sich bei ihrem Anblick kaum ausdenken, daß sie jeden Sommer ein neues schauerndes Leben von Blumen über dieses schlafende Haus ergießen. Aber den schlanken Turm umklammert noch immer schwarzer Efeu: er machte mir den Eindruck eines Symbols für etwas Finsteres, dem man nicht entgehen und das man aus seinem Innern nicht wegreißen kann. Wortlos ging die Kaiserin einigemale um die Umfriedigung aus lebenden Pflanzen, die das kleine verlassene Schloß des Wahnsinns von dem großen künstlichen Park des äußeren Lebens trennte. Ihre Blicke glitten über die verschlossenen Fenster, auf die auch einige rabenschwarze Zypressen, einen durchdringend bitteren Duft von sich gebend, starr und unverwandt hinblickten. Vor meinen Augen stand da jenes berühmte Bild wieder, das die glückliche Erzherzogin Charlotte darstellt, wie sie die aus Madeira heimgekehrte, strahlend schöne junge Kaiserin Elisabeth auf der großen zum Meere hinabführenden Freitreppe des Schlosses, bei der Landung, in die Arme schloß ...

Die Kaiserin stand neben mir, und, als höre sie meine Gedanken, sagte sie mit kaum vernehmbarer Stimme:

– Ein Abgrund von dreißig Jahren, mit lauter Schrekken gefüllt – – und »Sie« soll sehr dick geworden sein – –.

Und dann verstummte sie; aber sie blieb wie zuvor unbeweglich neben der Umfriedigung aus lebenden Pflanzen stehen, und ihre Blicke glitten über die verschlossenen Fenster. Ein Hauch aus den verborgensten Tiefen meines eigenen Seins ließ mich plötzlich zusammenschrecken, als wäre die geheime Furcht vor jenen blinden Mächten, die über Nacht einen jungen Baum fällen, in meiner Seele übergeflossen – ich sah die Kaiserin, einige Schritte weiter entfernt, sich nach mir umblicken: sie mußte weggelaufen sein.

– Es ist noch trauriger als Ödipus, sagte ich, als ich mich ihr näherte. »Das Leben und das Glück ist ein Hauch«, singt irgendwo Dante.

– Das Unglück ist stärker als das Leben und der Wahnsinn wahrer, entgegnete sie, und wir gingen in das Schloß zurück ...

Auf der Adria

Die kaiserliche Yacht ist elegant und prächtig. Die für die Kaiserin reservierten Räume im Rumpf des Schiffes haben den Charakter einer Seemannswohnung; sie sind einfach und praktisch eingerichtet. Trotzdem fühlt man, daß in diesen Kajüten eine erhabene Persönlichkeit weilt. Auch hier sind alle Möbel mit weißen Leintüchern überdeckt, unter welchen man keine Seide ahnt. Blumen überall. Das Badezimmer ist die Hauptpièce und mit größerem Komfort als die anderen ausgestattet. Sie nimmt nur Meerbäder bei den Seereisen; das Wasser hierzu wird durch ein Boot, welches während der Fahrt des Schiffes weit hinein ins Meer geht, in Fässern geholt. Auf dem Verdeck befindet sich ein runder Glaspavillon, von allen Seiten die Aussicht auf das Meer gewährend. Er ist mit blauer Seide ausgeschlagen: Rideaux, die herabzuziehen sind, und ein im Kreise laufender Divan. Hier läßt sie sich des Morgens frisieren, während welcher Zeit sie mit mir liest oder schreibt: während sie sich darin befindet, werden alle Vorhänge herabgelassen. Sonst hält sie sich meist nur bei Regenwetter oder großem Sturm in diesem Pavillon auf, in welchem Fall wieder die Aussicht auf die See freigelassen wird. Sie hat mir das alles selbst gezeigt und erklärt.

– Wenn es stürmisch wird und wir auf hoher See sind, lasse ich mich gewöhnlich an diesen Stuhl anbinden. Ich tue dies wie Odysseus, weil mich die Wellen locken.

Ihre Hauptdomäne ist aber, wie sie mir sagte, das Hinterdeck und die eine Kommandobrücke, welche sie durch

Segeltücher derart abschließen läßt, daß vom Schiffe gar nichts und nur das Meer sichtbar bleibt. Ich nannte diese Zelte »Isoldens Zelte«, was sie sehr treffend fand. Sie hat bestimmte Stunden, an welchen sie die Brücke oder das Verdeck zu ihrem Aufenthalt wählt: morgens die Brücke, mittags das Verdeck und abends wieder die Brücke. Am Abend werden die Segeltücher abgenommen, und die Schiffsmannschaft sucht wo möglich sich unsichtbar zu machen.

Sie ließ mich, gleich nachdem die Stunde zu Ende war, wieder zu sich auf das Verdeck rufen. In dem Segelzelt war eine Öffnung freigelassen, die durch einen Teppich verdeckt wurde. Wir hatten nur das Meer vor uns. Dunkelblau war es mit einem Stich ins Bleierne, wodurch gleichsam die Schwere seiner Wassermassen fühlbar wurde. Weiße Schaumschnüre durchzogen die weite Bläue. Möwen flogen hinter uns her, mit lautlosem Flügelschlag. Hie und da kreischten sie laut auf.

– Bei jeder Reise fliegen die Möwen hinter meinem Schiffe, sagte sie, und jedesmal gibt es eine dunkle, fast schwarze darunter, wie diese hier.

Sie zeigte dabei auf eine dunkle Möwe, die an der Spitze aller anderen flog, und fügte hinzu:

– Diese einzige kommt dann bis knapp vor Korfu mit. Einigemale hat mich meine schwarze Möwe während einer ganzen Woche begleitet, von einem Kontinet zum andern. Ich glaube, sie ist mein Schicksal.

In Pola ist die »Miramare« stehen geblieben, weil die Kaiserin die Absicht hatte, die in Umgestaltung begriffene Yacht »Pelikan« zu besichtigen. Das Schiff, welches ihrer harrte, war mit Flaggen geschmückt. Sie begab sich dahin mit ihrer Hofdame auf einem Boot der »Miramare«, dem ein anderes mit Admiralen und verschiedenen Würdenträgern des Hafens entgegenkam. Aus den Einöden des Geistes, wo sie sich befand, trat sie wieder in die Atmosphäre ihres kaiserlichen Verhältnisses zu den Menschen. Aber sie brachte auch hier jene unsagbare Hoheit und Anmut ihres eigentlichen Wesens mit. Ich las es von den Antlitzen ihrer Umgebung ab, daß sie von dieser Kaiserin geblendet waren, daß sie sich aber über die Ursache keine Rechenschaft geben konnten und die empfangenen Eindrücke irrigerweise ihrer erhabenen Würde zuschrieben.

Heute sagte sie:

– Das Leben auf dem Schiff ist doch mehr als ein bloßes Reisen. Es ist ein verbessertes, wahreres Leben. Ich suche es so voll und so lang als möglich zu genießen. Man befindet sich wie auf einer Insel, aus der alle Unannehmlichkeiten und Beziehungen verbannt sind. Es ist ein ideales, chemisch reines, kristallisiertes Leben, ohne Wunsch und ohne Zeitempfindung. Das Gefühl der Zeit ist immer schmerzhaft, denn es gibt uns das Gefühl des Lebens.

Auf der Brücke sagte sie mir, indem sie auf die braune Möwe zeigte, die uns, noch immer, mit in der Sonne durchsichtigen Schwingen, einmal links, einmal rechts vom Schiffe umschwebte:

– Sie mahnt mich daran, daß ich ertrinken soll. Als ich

»Ich bin wie ein Sturmvogel«: Elisabeth auf der kaiserlichen Yacht ›Miramar‹

las, wie Shelley gestorben ist, habe ich gleich daran gedacht.

– Wir kamen an den dalmatinischen Inseln vorüber. Die See war ruhiger geworden. Die Küste grünte. Ich frug, ob sie nicht den Wunsch habe, ans Land zu gehen. Sie sagte:

– Das Leben auf dem Schiff ist viel schöner als jedes Ufer. Die Reiseziele sind nur deswegen begehrenswert, weil die Reise dazwischen liegt. Wenn ich irgendwo angekommen wäre und wüßte, daß ich nie mehr mich davon entfernen könnte, würde mir der Aufenthalt selbst in einem Paradies zur Hölle. Der Gedanke, einen Ort bald verlassen zu müssen, rührt mich und läßt mich ihn lieben. Und so begrabe ich jedesmal einen Traum, der zu rasch vergeht, um nach einem neuen zu seufzen.

Um drei Uhr nachmittags brachte man ihr ihre Milch von einer Ziege aus Malteserrasse, die aus Wien mitgeführt wurde.

– Sie macht die Reise ohne jede Begeisterung für das Schöne, sagte sie, als wir die Ziege in ihrem Stall besuchten. Aber sie hat Pflichtgefühl, denn sie ist eine Engländerin. Das ist mehr wert wie alle Ästhetik. Ich habe sie deswegen mitgenommen. Es gibt keine besseren Nurses als die Engländerinnen ...

Später sagte sie mir:

– Die Menschen glauben, daß sie die Natur und die Elemente beherrschen durch ihre Schiffe und Expreßzüge. Im Gegenteil – die Natur hat jetzt die Menschen unterjocht. Früher hat man sich in einer abgeschlossenen Talmulde, die man nie verließ, als Gott empfunden. Jetzt rollen wir als Globetrotter wie Tropfen im Meer, und wir werden es schließlich erkennen, daß wir nichts als solche sind.

– Auf dem Meer wird mein Atem weiter, sagte sie mir wieder auf der Brücke. Er geht nach dem Wellenschlag. Wenn die Wellen breiter werden, beginne ich tiefer zu atmen.

– Ja, Majestät, es gibt tiefe Korrespondenzen zwischen den Menschen und den Dingen, deren Gesetze ewige Rätsel bergen.

– Ich meine, sagte sie, das Meer entmenscht uns, es duldet nichts von dem Landtierischen an uns. Wenn es stürmt, glaube ich oft selbst eine schäumende Woge geworden zu sein.

Ich aber blickte zu ihr empor wie geblendet.

Heute ist die See wieder stürmisch. Ich sollte ihr einiges aus Heines »Nordseezyklus« vorlesen. Die zweite Strophe aus dem »Sturm« machte mich erschauern, denn alles war wie auf sie gemünzt.

> O Meer!
> Mutter der Schönheit, der schaumentstieg'nen!
> Schon flattert, leichenwitternd,
> Die weiße, gespenstische Möwe
> Und wetzt an dem Mastbaum den Schnabel . . .

Und weiter:

> Fern an schottischer Felsenküste . . .
> Steht eine schöne, kranke Frau.
> Zartdurchsichtig und marmorblaß . . .
> Und der Wind durchwühlt ihre langen Locken
> Und trägt ihr dunkles Lied
> Über das weite, stürmende Meer.

Ich erhob meine Blicke furchtsam zu den ihren und sah wie sie ernst und traurig über die schwere See schweiften . . .

Auf dem Ionischen Meer

17. März 1892

Es graute der Morgen, als wir uns Korfu näherten. Mich hatte die Nähe der heimatlichen Ufer früher als sonst auf das Deck gebracht. Das Meer schlummerte noch unter einem fahl silbernen Schleier: weich tauchten die Räder der »Miramare« in die Milch seiner Fluten und zogen lange schräge Seidenfurchen nach sich, die in müden Voluten smaragden dunkelten. Eine feuchte Kühle in der weißen, unbeweglichen Luft und kein Laut, außer dem Stampfen der Maschine, das ruhig und gedämpft aus einer inneren Ferne, wie das Pochen eines Herzens aus der Tiefe einer Brust, mehr fühlbar war, als hörbar. Wir fuhren gerade in den engen Kanal ein, zwischen der Nordspitze Korfus und den Bergmauern von Epirus. Die Berge pechschwarz auf dem bleichen Graugrün des Himmels. Die runden Steinhügel des korfiotischen Ufers mit kleinem Gestrüpp besetzt, das sich auch schwarz auf schwarz abhob und unsichere Umrisse zeichnete. Viele von diesen Sträuchern müssen geblüht haben, denn ein intensiver Duft wie von Honig, vermengt mit den Ausdünstungen der genäßten Steine, hauchte von Zeit zu Zeit das Schiff an. Dort, wo die schlummernden Hügel von dem weißen Meer umfangen wurden, dunkelte es von großen Tiefen, die in sich versunken waren. Ein kaum merkliches Schaumgekräusel leckte lautlos an dem steinernen Gestade, wie küssend im Schlaf; aber man fühlte, in diesen leisen Zärtlichkeiten schlummerten die Schrecken rasender Brandungen. Ja, dies alles war in tiefem Schlummer befangen, aber dieser Schlummer bedeutete ein tiefes Leben.

Die Kaiserin war auch aufs Deck gekommen, obwohl das abschließende Zelt noch nicht aufgespannt war. Wie sie mich erblickte, winkte sie mich zu sich.

– Solch ein Morgen ist ein herrlicher Zustand, sagte sie zu mir. Wie diese Berge alle schlafen. Das ist nicht bloß Stille oder das Fehlen des Sonnenlichtes, das ist wirklicher Schlaf von lebenden Wesen, von welchen wir nur eine verschlechterte Kopie sind. Sehen Sie dort den »Pantokrator« mit seinen zwei Zwillingshörnern, die so anmutig gebogen und glatt sind wie der Körper einer griechischen Statue! Er ist immer der erste, welcher erwacht.

Wir wendeten uns der aufsteigenden Sonne zu: hinter den akrokeraunischen Bergen, wo die Eumeniden hausen und der Eingang zur Unterwelt sich befindet, kam sie hervor. Wellen von Schimmer zitterten über das Himmelsmeer ihrem Zuge voran; wie Rosenblätter waren sie, die, im Herzen erbleicht, über Endlosigkeiten sich verstreuten, in Fernen, die unwiderbringlich waren, ganz unsagbar. Die Bergspitzen begannen zu leuchten wie in einer überirdischen Atmosphäre aus rosigem Goldstaub, in der Entfernung und im Glanz mythischer Götterzeiten. Man empfand, wenn man es nicht wußte: hier war die »Rosenfing'rige«, hier war der singende Phöbus mit den weißen Rossen zu Hause. Und dann fielen die Rosen auf die Steinbrüste des »Pantokrator«. All die tiefen Rinnsale wurden sichtbar, und die weißen kletternden Dörfchen begannen zu glimmen. Das Licht glitt von den steilen Bergen hinab, vergrub die Schatten in Mulden oder warf sie in langen samtenen Streifen auf das Meer. Und dann kam sie selbst – sie Sonne – in Posaunen und ergoß ihre goldenen Haare über das Meer und über die Inseln . . .

Unser Schiff aber fuhr an dem Hafen von Korfu vorüber gegen Süden . . . Neben der Kaiserin stand ich auf der durch das Segeltuch abgeschlossenen Schiffsbrücke (dem oberen Zelte Isoldens), während wir unhörbar über die klaren, dunkelgrünen Fluten neben der Küste hinglitten. Wie flüssige Sehnsucht war dieses Grün, das unsere Blicke aufsaugte. Die Bucht von Garitza öffnete ihren weichgerundeten Busen, in dessen Tiefe weiße Häuser und sanfte Anhöhen unter blauen Dunstschleiern schimmerten. Dann kam eine vorspringende Landzunge, ganz von Pflanzen überwuchert: wie aus einem Füllhorn ergossen sich die Bäume und die Blumen bis in das Meer; die Aloen und die Palmen erhoben ihre Kronen darüber hinaus in das Blau; Orangen glühten im dunklen Laub, und das weiße Haus, das in diesen Gärten gebettet lag, war »Mon repos«, das Schloß, welches früher dem Lord-Oberkommissär der ionischen Inseln zum Aufenthalt bestimmt gewesen und jetzt dem König von Griechenland gehört.

– Ich wohnte auch ein Jahr lang hier, sagte die Kaiserin. Warsberg nannte diesen Punkt: »Die Gärten des Alkinoos«. Wir haben oft über die arme Nausikaa gesprochen, die so bitter enttäuscht wurde. Sehen Sie diese Treppe im Felsen, die zum Meer hinabführt, da ging ich immer hinunter, um zu baden. Eine natürliche Grotte ist dort in dem Felsen – sie ist von Schilf und dem hängenden gelben Ginster verdeckt: das war meine »Kalypso-Grotte«: nur am Lido habe ich noch so herrlich baden können. Es gibt Augenblicke, ja ganze Perioden bei mir, wo ich nur auf dem Meer oder im Meer leben kann.

Und das Schiff glitt an den Gärten der Nausikaa, die sehnsüchtig in das Meer hineinhingen, und an der unsichtbaren Grotte der kaiserlichen Kalypso vorüber. Eine neue Bucht öffnete sich, der sogenannte »See des Chalkiopulos«, der phäakische Hafen, wo Odysseus sich auf dem hurtigen Schiffe nach Ithaka einschiffte. Abgeschieden, wie aus einer anderen Welt, unter einer schimmernden Seidenhülle lag er noch in bleichem Schlummer. Aber mitten aus den Wassern des Schlummers erhob sich ein Bündel schwarzer Zypressen, die ein weißes Kirchlein umklammerten; und wo das Felsenriff, das die Zypressen trug, in das Meer tauchte, rötete sich dieses von dem Widerschein roter Geranien.

– Wie das Vorbild der Todesinsel Böcklins kommt mir dieses Eiland vor, sagte ich. Diese Zypressen stehen da wie dunkle Träume und die roten Blumen, die ihre Reflexe auf die spiegelnden Wasser werfen, sind der Persephone heilig.

– Die Griechen nennen es unpoetischerweise die »Mausinsel«, sagte die Kaiserin. Warsberg meinte hingegen, es wäre das Schiff der Phäaken, welches Poseidon aus Rache versteinert hat. Er war empört über den Namensfrevel der modernen Phäaken. Ich glaube aber, beide Teile waren mit ihren Benennungen ziemlich zufrieden . . .

Da kam wieder ein mit Ölwäldern bedeckter Abhang, der weit in das Meer vorsprang, und wie wir diesen umschifft hatten, fuhren wir in die Bucht von Benizze ein . . . Vom Meer steigt eine Anhöhe, in weichen Silberflaum von Ölbäumen gehüllt, und schwarze Zypressen in Bündeln ragen daraus hervor, wie Maste aus einem in der Sonne glitzernden Meer, und wie Maste einsamer Schiffe blicken sie untröstlich über das weite Meer zu ihren Füßen. Oben aber auf dem Gipfel leuchtet, eigenartig blendend aus den letzten Laubwellen, das weiße Schloß des Achilles.

– Nach langen Jahren kommen Sie wieder in die Heimat, sagte die Kaiserin. Ich sehe wie Sie die Luft trinken.

– Nach jahrelangen Nächten. Majestät, ist heute der erste Morgen angebrochen. Aber nicht meine frühere Heimat ist es, die ich hier wiederfinde: ich komme jetzt in ein ganz anderes Land, das ich nie gekannt habe und nach dem ich mich immer gesehnt, ohne es zu wissen.

– Wie meinen Sie das?

– Ich meine, es ist nicht bloß das Land, wo ich geboren, sondern das, wo ich geworden bin. Es ist das Heimatland meiner Seele, das mich jetzt aufnimmt, weil ich vielleicht erst jetzt dessen würdig geworden bin.

– Dann sind wir Landsleute, sagte die Kaiserin, und über ihre Augen huschte ein unbeschreibliches Leuchten, das gleich wieder verlosch. Aber ihr Mund bog sich in jene Kurve, die schmerzlicher war als ein Weinen. Erst als wir ans Land gestiegen waren, sah ich diesen Zug gleichsam in ihre eigene Tiefe wieder versinken.

Korfu

Im März bis April

Als wir landeten, war es schon heller Morgen, noch hüllten aber alle Linien jene jungfräulichen Schleier der Nacht ein, die nur langsam vor der Umarmung der Sonnenstrahlen weichen. Eine Kühle drang aus allen Dingen dem Licht entgegen, und mein Gesicht wurde gebadet in liebliche Düfte von schlummernden Pflanzen und taugenäßter Erde. Nacht und wunschloser Schlummer hauchten ihre Essenzen aus, bevor der Rausch der Vermählung mit dem Lichte begann. In den Schluchten und Vertiefungen lagen noch samtweich die Schatten, so selig tief blau, als ob sie nie erwachen wollten. In welch heller Jugend war hier alles, was mein Auge sah. Neu, fast fabelhaft, kamen mir alle die bekannten Bäume und Steine vor: die schwarzen Zypressen und die silbernen Haarwellen der Olivenbäume und das goldgelb blühende Gesträuch, das von den dunkelroten Felsen wie blonde Lokken in Flammen herabhing – als wäre ich in eine irreale

Welt geraten. Wie aus einer andern dunkleren Erde kam ich hier zu einem Strand, wo ein lichteres Leben wohnte. Wie in einer anderen Dimension des Seins und der Empfindung befand ich mich. War das nicht ein Landen in ein Dante'sches »Neues Leben«? Und »Sie« war es, die mich in dasselbe einführte, »Sie«, die ein Schiff aus der dunklen Ferne gebracht . . .

Das kaiserliche Boot landete. Sie stieg auf den weißen, marmornen Molo aus, der mit einem steinernen Delphin geschmückt ist. Die Kaiserin hatte mir ihn schon vom Schiffe aus gezeigt mit den Worten:

– Sehen Sie dort, das ist mein lachender Philosoph, der wird mich als erster empfangen.

Vor uns dehnte sich rund, voll weicher Sehnsucht in die Weite ausbiegend, der Kiesstrand von Benizze, auf welchem das gleichnamige Dorf zwischen Orangen und Zypressen sich lieblich verheimlichte. Aber die hohe Gestalt der Kaiserin schwebte über den Strand dem offenen Tor in eiserner Spitzenarbeit entgegen, das den Eingang in ihr Reich bildete.

– Sehen, Euere Majestät, wie die Bäume sich geschmückt haben, um Euch zu empfangen, sagte ich.

– Sie haben ihre Hochzeitskleider angelegt, erwiderte sie lächelnd.

– Und dieser süße Duft! Ich hatte ihn ganz vergessen.

– Er wird auch vergehen – und die Zitronen sind dann sehr sauer.

Ich schwieg wie in einer Wolke von unklaren Dingen, von denen ich nur wußte, daß es ein Glück war, darin unterzugehen. Aber meine unerkannten Gedanken regneten auf ihre Hände, lautlos, willenlos, wie die Blätter

»Wie ein Märchen«: das Achilleion, Elisabeths Schloß auf Korfu

der weißen Blüten, die, ohne einen Windhauch, still und unaufhörlich auf die mütterliche Erde fielen.

Sie zeigte mir das ganze Schloß, Zimmer für Zimmer. Wie ein Märchen war es, was sie mir zeigte, und auch, daß »Sie« es tat. So tun gütige Feen an verirrten Hirtenknaben.

Der Palast ist in den Berg hineingebaut, die Stirnseite dreistöckig, während auf der Rückseite ein einziges Stockwerk auf eine weite Gartenterrasse mit uralten Bäumen hinausgeht. Die Stirnseite ist gegen die Landstraße gerichtet, die von Korfu durch das weiße Dorf Gasturi und am Schloß vorbei nach Benizze am Strande hinunterführt. Eine hohe weiße Gartenmauer und die Laubschleier von Ölbäumen wehren neugierigen Blicken.

– Die Engländer sind ganz verzweifelt, sagte die Kaiserin, weil sie sich stundenlang auf dem gegenüberliegenden Hügel postieren und doch nichts sehen können.

Ein breites eisernes Gittertor mit der Überschrift »AXIΛΛEION« führt auf die Straße. Eine Rampe steigt sanft hinan zu der äußeren Vorhalle des Schlosses: gewaltige Säulen tragen die austretende, breite Veranda aus Marmor; auf der Brüstung derselben, an jeder Ecke, stehen Kentauren. Das zweite und dritte Stockwerk treten zurück, so daß Raum zu zwei Loggien geboten wird, rechts und links von der mittleren Kentaurenveranda, mit der sie in Verbindung stehen: die zierlichen Zwillingssäulen der Loggien tragen wieder Altane, dem obersten Stockwerke entsprechend; an jeder Ecke dieser Altane stehen Bronzefiguren, mit Goldgeschmeide angetan, welche weithinstrahlende Kugeln elektrischen Lichtes in erhobenen Armen halten. Auf der Langseite des

Schlosses, die dem Innern der Insel zugewendet ist, läuft ebenfalls eine lange Veranda mit der Aussicht auf Gasturi und Aji-Deka – ein anderes malerisches Dörflein auf halber Höhe des gleichnamigen Kuppelberges; ein beflügelter Hermes, mit dem Kerykeion in der Hand, scheint von der äußersten Brüstung dieser Terrasse über den Ölwald dahinfliegen zu wollen.

Ich stand lange und blickte auf die ruhenden Linien.

Lange stand bewundernd
der herrliche Dulder Odysseus.

sagte die Kaiserin, einen homerischen Vers zitierend.

Durch die Säulenvorhalle traten wir in das offene Atrium: ein hoher, kühler Raum, auch von Säulen getragen, deren unterer Teil mit rotem Samt bedeckt ist. Von den glänzenden Wänden hängt auch roter Samt herab. Wandhohe Spiegel werfen das Licht in glühenden Strahlen zurück. Zu beiden Seiten des Stiegenaufganges stehen riesige Vasen aus Bronze und Porzellan: Fächerpalmen steigen daraus empor bis an die Decke, die mit Freskogemälden, tanzende Nymphen vorstellend, geschmückt ist; aus diesen Vasen sprießen auch künstliche Glasblumen, welchen des Abends elektrisches Licht entquillt. Rechts und links führen doppelte »wohlgefügte« Türen in andere Räumlichkeiten: es sind dies der Speisesaal und die Spielzimmer; auch mein eigenes Zimmer befand sich hier. Ein kleiner Raum, rechts vom Eingange des Atriums, ist als Kapelle eingerichtet; über dem Altar in einer Nische steht »Notre Dame de la garde«, das Standbild der Marseiller Schutzpatronin der Seefahrer.

»Hier werden Ihnen wohl Gedichte in Fülle einfallen«: Peristyl mit dem Musengarten

– Ich habe sie selbst aus Marseille mitgebracht, sagte die Kaiserin; sie ist die Beschützerin aller Seeleute.

Eine Marmortreppe, mit Götterbildern der Venus und der Artemis und schöner Jünglinge geschmückt, führt von der Rampe und dem unteren Garten auf die obere Gartenterrasse hinauf.

Ein Peristyl umsäumt das Gebäude, wo es sich auf die Gartenterrasse öffnet. Die Säulen, die das Dach tragen, sind am unteren Teile zinnoberrot gefärbt, die Kapitäle reich vergoldet und blau und rot bemalt: wundervoll heben sie sich ab von der dunkelroten pompeianischen Hinterwand mit den großen Freskomedaillons, in welchen antike Legenden – Apollo und Daphne, der blinde Homer, Theseus und Ariadne, Äsopus, seine Fabeln vortragend – aber auch Ausblicke auf odysseische Landschaften dargestellt sind. An der Wand in langen Reihen stehen Hermen mit meist antiken Köpfen von Philosophen, Weisen und Rednern, welche die Kaiserin besonders liebt. Am unteren Ende des langen Flügels des Peristyls, gegen Norden und das Meer hin, erhebt sich eine blendend weiße Marmorfigur, Peri, eine Lichtfee, die auf den Flügeln eines Schwanes über die Wellen gleitet und ein schlafendes Menschenkind an den Busen drückt. Als wir an der marmornen Fee vorüberkamen, blieb die Kaiserin stehen, Minuten in ihrem Anblick versunken.

– Ich komme täglich zu ihr, sagte sie, frühmorgens und am Abend, wenn es dämmert.

Vor jeder Säule des Peristyls stehen marmorne Musen in Lebensgröße mit Apollo Musagetes an ihrer Spitze. Sie führte mich zu jeder einzelnen hin, als würde sie mich ihnen vorstellen.

– Die meisten davon sind antik, sagte sie. Ich habe sie in Rom kaufen lassen. Früher waren sie im Besitze des Fürsten Borghese; aber er ist bankrott geworden, und so mußte er seine Götter veräußern. Sehen Sie, wie schrecklich es ist, heutzutage sind selbst Götter käufliche Sklaven des Geldes.

Knapp neben Apollo, im Kreis der pierischen Jungfrauen, steht eine andere Statue, die ich als die Canova'sche »dritte Tänzerin« erkannte, von der man, ebenso wie von der »siegreichen Venus«, sagt, sie stelle Pauline Borghese dar, die Lieblingsschwester Napoleons.

– Ich habe den Musen eine neue Gefährtin zugeführt, sagte die Kaiserin; ich hoffe, daß sie sie gut aufgenommen haben. Wenigstens Apollo blickt sehr zärtlich auf sie. Das Peristyl ist mein neuer Olymp.

Zwischen den Säulen des Peristyls hängen von den Architraven an Ketten antike Bronzeampeln, die, geziert mit Delphinen und Tritonen, in blumenförmige Lichtkugeln ausgehen. Eine einzige Stufe führt vom Peristyl hinab auf die Gartenterrasse.

– Dieser Garten heißt der Musengarten, sagte sie; hier werden Ihnen wohl Gedichte in Fülle einfallen.

Zypressen, Jahrhunderte alt, erheben sich da in starrer, fast religiöser Weihe, Magnolien, die jetzt in großen Wunderblüten blühten, und auch gewöhnliche Ölbäume, die mir hier erst all das Göttliche, das sie versinnbildlichen, offenbarten.

– Ich habe sie absichtlich hier stehen lassen, sagte sie, weil es auch auf der Akropolis die heiligen Ölbäume der Athene gegeben hat. Sie erfüllen einen bestimmten Zweck: sie müssen in ihren Wipfeln alle Sonnenfäden auffangen, die an den Zypressen so trostlos herabgleiten.

In der Mitte der duftenden Beete voll Rosen und Hyazinthen befindet sich ein Springbrunnen mit einem wasserwerfenden Delphin. Auch ein schwarzer Satyr, der den Dionysosknaben rittlings über die Schultern trägt, lauscht dem schwätzenden Wasser. Wir traten an den Rand des Gartens, von wo der Bergabhang in schauernden Laubwellen hinunter zum Meer gleitet. Ein rundes Zeltdach aus buntfarbigem, antik gemusterten Tuch erhebt sich über einem Vorsprung der Terrasse, von welchem aus der weiteste Fernblick sich öffnet. An den Eisenstangen, die den Schirm tragen, sich Äolsharfen angebracht; darunter und an die äußere Terrassenbrüstung geschmiegt befindet sich eine halbkreisförmige Marmorbank, wie man sie im Dionysos-Theater in Athen sieht und wie sie Alma Tadema so gerne malt. Das Meer, hoch am Horizont aufsteigend, zeichnet eine dunkle, weinfarbene Linie über dem weißen Marmor: ein Strich in die Unendlichkeit voll stummer Geheimnisse, über jedes Begreifen hinaus ... Und höher noch erheben sich die violetten Berge Albaniens im Sonnendunst. Lorbeerbäume stehen in der Nähe, zu einem Dickicht verdichtet, wodurch der antike Charakter dieses Bildes noch mehr zum Ausdruck kommt. In dieser Sonnenhelle, auf der klassischen Marmorbank ruhend, machte mir die schwarze, schlanke Gestalt einen erschütternden Eindruck: es war, als ob die Seele des antiken Griechentums, um die verlorene Schönheit trauernd und irrend, sie auf diesen heiligen Gestaden, vor dieser verlassenen Bank suchen würde. – Zwei weitere Gartenterrassen fallen vom Peristyl ab gegen Norden zu und auf das Meer. Am äußersten Ende der letzten Terrasse leuchtet ein weißer Punkt:

– Es ist der »sterbende Achilles«, sagte die Kaiserin, dem ich meinen Palast geweiht habe, weil er für mich die griechische Seele personifiziert und die Schönheit der Landschaft und der Menschen. Ich liebe ihn auch, weil er so schnellfüßig war. Er war stark und trotzig und hat alle Könige und Traditionen verachtet und die Menschenmassen für nichtig gehalten, gut genug, um wie Halme vom Tode abgemäht zu werden. Er hat nur seinen eigenen Willen heilig gehalten und nur seinen Träumen gelebt, und seine Trauer war ihm wertvoller als das ganze Leben.

– Von der Peristylterrasse, die mit einer Balustrade abschließt, stiegen wir einige Marmorstufen hinab zu der zweiten. Rechts und links vom Zugange stehen auf Sokkeln die zwei aus dem Neapeler Museum bekannten Faustkämpfer in schwarzer Bronze, wie im Begriffe, sich aufeinanderzustürzen. In der zweiten Terrasse fanden wir einen ruhenden Hermes – eine Kopie der berühmten Herculanum-Bronze – inmitten von Rosen. Weiter führt eine doppelte, halbkreisförmige Marmortreppe auf die dritte Terrasse, die »Achillesterrasse«.

– Das sind meine hängenden Gärten, sagte die Kaiserin. Ich glaube nicht, daß die der Semiramis schöner waren; aber es ist nicht mein Verdienst, daß sie so schön sind: meine Gärtnerin ist die Natur.

Unterhalb der Treppe höhlen sich künstliche Tropfsteingrotten, deren Eingang von Farnkräutern verdeckt ist. Ein grünes Dämmerlicht quillt hervor, denn im Hintergrund sind Spiegel angebracht: so ist es, als ob sich diese Höhlen unter grünen Wassermassen ins Unendliche hinziehen würden. Eine Quelle rieselt murmelnd über eine Grottenwand herab, die mit dem zarten Farren bewachsen ist, das man das »Haar der Venus« nennt.

– Es ist meine neue Kalypso-Grotte, sagte sie. Aber sie ist bei weitem nicht so gefährlich wie jene alte. Alles verliert mit der Zeit seine Wirkung.

Schattige Laubgänge, die jetzt voll Blüten sind, ziehen sich hin zu beiden Seiten der Statue des »sterbenden Achilles«. Waldnymphen und ein betrunkener Faun aus Bronze mit Patina überzogen, schimmern aus dem Grün hervor. Olivenhügel dachen sich wieder von dem Endpunkte der Terrassen hinab zur tiefen Meeresbucht, dem sogenannten »See des Chalkiopulos«. Man blickt auf die Böcklin'sche Toteninsel, jenes Bündel hoher, schwarzer Zypressen, die, eine weiße Einsiedelei umfangend, aus dem silbernen Wasserspiegel ragen.

– Wir werden sehr oft hingehen, sagte mir die Kaiserin. Es ist unten ein Fährmann, der ganz wie der Charon aussieht. Ich lasse mich von ihm zum Eiland rudern wie eine sehnsüchtige Seele. Wenn ich hinunterkomme, löst er gleich sein Boot, ohne ein Wort zu sprechen; und ich besteige es und schweige ebenfalls. Drüben auf der Insel empfängt mich immer der Einsiedler. Er bringt mir Honig und Mandeln, damit ich davon genieße und die Oberwelt vergesse.

Dann gingen wir zurück über den Garten in das Haus. Vom Peristyl trat sie direkt in ihre Gemächer. Hier hatte sie ihre ganze Seele verstreut. Das Poetischste sind sie, was man sich denken kann und an diesem Orte zu finden träumen würde.

»Das sind meine hängenden Gärten«:
Aufgang zu den Gartenterrassen des Achilleions

– Alles habe ich selbst geordnet, sagte sie, und jedes Stück selbst gewählt. Deswegen bin ich hier weniger fremd als in Wien.

Hier in diesem Heim, das sie selbst von Grund aus errichtet und wo sie ausschließlich sie selbst sein will, traten die Linien ihres erhöhten Seelenlebens um so deutlicher hervor. Aus jedem Winkel dieser Zimmer strahlten singende Traurigkeiten hervor. Überall Farben ohne Namen, Nuancen wie verhauchende Düfte, verdunkelte Golde aus vergessenen Zeiten, erloschene Lichter. So möchten die Frauengemächer Penelopes oder Helenas gewesen sein, wenn sich diese edlen Frauen der Herrlichkeit ihrer Träume bewußt wären.

Und sie führte mich durch alle Räume, einer prächtiger als der andere, alle wie aus einem Märchen heraus, weniger durch ihre Pracht als durch die seelische Atmosphäre, in der sie existieren.

Im zweiten Stockwerk (von oben aus) befinden sich die Wohnräume, die für den Kaiser und das erzherzogliche Paar, Valerie und Franz Salvator, bestimmt sind.

– Es ist schade, daß mein Schwiegersohn nicht herkommen will, sagte die Kaiserin, obwohl ich ihm die schönsten Eberjagden in den albanesischen Bergen in Aussicht gestellt habe. Aber er traut seiner Schwiegermutter nicht, fügte sie scherzend hinzu. Einmal war er da, im vorigen Frühjahr, aber er sagte, er käme niemals wieder. Er zieht Oberösterreich vor und haßt die Ölbäume und das Meer, und die Erzherzogin Valerie liebt ihren Mann sehr, und deswegen liebt sie, was ihr Mann liebt. – Die Stimme der Kaiserin hatte dabei einen leisen schmerzlichen Klang. Dann sagte sie weiter:

– Ich habe der Erzherzogin das Achilleion vermacht; aber sie wird wahrscheinlich große Familie haben, und deswegen wird es besser sein, wenn ich es verkaufe und ihre Kinder das Geld dafür bekommen. Ich werde sogar mein privates Silbergeschirr mit meinem Delphin darauf mitverkaufen: vielleicht nimmt es dann ein Amerikaner. Ich habe einen Agenten in Amerika, der mir diesen Rat gab.

So sprach sie, die vor den Menschen Abgekehrte, die Verkörperung weltentrückter Beschaulichkeit und Träumerei. Es ist, als ob sie sich oft selbst mit Gewalt dazu bringen möchte, eine gewöhnliche, vernünftige Frau zu sein, praktische und triviale Dinge denkend und redend. Sie versucht es; und trotzdem leiht sie auch solchen Dingen, sowie sie sie nur berührt, den Abglanz von etwas Ewigem.

Ein doppeltes starkes Flügeltor, ganz antik aus Erz, führt zum Peristyl und ebenso Eichentüren aus den Appartements auf das Stiegenhaus. Dieses ist in pompejanisch-griechischem Stil. Satyre und Karyatiden in Stuck tragen die Gesimse und Stiegenabsätze. Das Geländer ist aus Bronze und stellt verschlungene Öl- und Lorbeerzweige dar, zwischen denen wieder Karyatiden stehen. Das Licht fällt von oben durch das Glasdach herab und beleuchtet voll das kolossale Wandgemälde, das die ganze Querwand des Stiegenhauses einnimmt. Die Blicke des vom obersten Absatze Hinuntersteigenden sowohl als auch des Heraufsteigenden werden von diesem Gemälde aufgefangen. Es ist der Triumphzug des Achilles, der den Leichnam Hektors um die Mauern Trojas schleift. Nach all dem Geschehen ist es bei diesem Bild, als ob die

Welt der Schönheit, die Achilles personifiziert, mit ihm wieder erstanden wäre. Die Treppe führt an einem herrlichen Vasenaufsatz vorbei (der eine Muschelgrotte mit einer schlummernden Nymphe darin, von einander umschlingenden Tritonen und Najaden umringt, das Ganze aus den Wellen steigend, darstellt), hinab zum ersten, untersten Stockwerk und in das Atrium.

Nachdem die Kaiserin mir das alles gezeigt hatte, sagte sie:

– Wir werden aber nur so selten als möglich unsere Zeit zu Hause verbringen. Man soll nur solange als nötig in den Häusern seine Lebensstunden verbringen, und unsere Wohnungen müssen derart sein, daß sie die Illusionen, die wir jedesmal mitbringen, nicht zerstören.

Täglich um die Mittagszeit, wenn die Luft, von Sonnendunst durchtränkt, eine Purpurgloriole um jeden Gegenstand, auf jede Linie legt und alles wie in ein seliges Träumen versunken ist, verläßt die Kaiserin ihren Palast. Gleich wie man aus dem Gittertor des Schlosses heraustritt, rechts und links von der Fahrstraße, die durch das Dorf Gasturi nach Korfu führt, beginnt der Ölwald. Welche Stille herrscht hier! Was für ein helles Dunkel! Die Sonne dringt durch das feine wie gefiederte und immer zitternde Silberlaub, ohne zu erwärmen oder eigentlich zu beleuchten. Wie auf dem Grunde des Meeres, wenn die Strahlen gedämpft durch grüne Fluten fallen, so ist es auch in diesen alterslosen Ölwäldern, die immer in der Nähe des griechischen Meeres leben wollen. Welch überstarkes Leben in diesen Stämmen, die nicht aufrecht und steif stehen wie in den nordischen Wäldern, sondern knorrig und gewunden, zergliedert oder still vorgebückt und offene Arme ausstreckend, immer aber wie beseelt unseren Blicken sich zeigen.

– Man dünkt sich so reich und sicher in diesem Wald, der so licht in seinem Dunkel und so bevölkert in seiner Einsamkeit ist, sagte die Kaiserin, als wir ihn zum erstenmale betraten.

Um die Bäume herum ist die Erde aufgeworfen in groben Schollen. Der Boden fällt und steigt in Stufen, die oft von Steinen eingefaßt sind. Überall aber breitet sich ein grüner Rasenteppich. Auf den Wiesen der Lichtungen blühen in unermeßlicher Menge hohe weißliche Asphodelosstauden, Krokus und Hyazinthen.

O die Geheimnisse der einsamen Wiesen!

Da gibt es weite Flächen, ganz weiß von Maßliebchen und Kamillen, die alle goldene Herzen haben.

– Ich weiß nicht, warum mir diese Sterne soviel Frühling und Licht in die Brust gießen, sagte die Kaiserin leise, während wir einmal darüber hinschritten.

Und weiterhin findet man Felder voll Anemonen, die aus dem Blute des Adonis entsprungen sind, und Meere von Mohn, röter noch wie Blut: wie brennende Lippen öffnen sich diese Blumenblätter und bewegen sich leise im Hauche ihres Schlummers, sprachlos, verglühend in Ekstasen . . .

Schafe weideten, unter den Ölbäumen langsam sich fortbewegend. Ein kleiner Hirte mit nackten Beinen kauerte auf einer Stufenmauer und aß ein Stück Brot mit Braunoliven dazu, die er kurz vorher gesammelt hatte. Als wir vorübergingen, grüßte er, ohne aufzustehen: »Guten Tag, Königin!« und biß mit weißen Zähnen in sein gelbrotes Maisbrot einen großen Halbkreis aus. Die Kaiserin erwiderte lächelnd:

– Καλὴ μέρα σου (dir guten Tag), die singende Kadenz der korfiotischen Stimme nachahmend.

Als wir ein Stück weiter gegangen waren, erschollen hinter uns die schrillen Laute einer Hirtenschalmei. Ich wendete mich um und sah den kleinen Hirten in sein kleines Rohr blasen, es mit Eifer betupfend: einige grelle, dünne Töne waren es, die in die Höhe stiegen und traurig zwischen den Bäumen irrten, bis sie müde wurden und in sich versanken; dann wankten sie wieder wie blasse Seufzer zwischen den Oliven in die Ferne, gegen die hellen Perspektiven zu, von wo man auf das Meer ausblicken konnte. Die Bienen, die in dem Helldunkel über den Blumen gesummt hatten, hörte man nicht mehr, auch die Vögel nicht, die oft so überlaut durcheinander zwitscherten; nur die Seufzer der Hirtenflöte drangen überall hin, in Qualen über sich hinausgehend, und es war, als ob die Schleier der Träume und des Vergessens davon zerrissen würden.

– Welche Trauer und Sehnsucht in diesen Tönen! sagte die Kaiserin. Die alten Menschen haben alles da hineingelegt, was in ihren Herzen jemals geblüht hat; deswegen hört man jetzt aus diesen wenigen Lauten das ganze Weh und alle Seligkeiten der alten und der neuen Menschheit zusammen.

Und sie fügte hinzu, gleichsam meine eigenen Gedanken laut werden lassend: – Kein größeres Meisterstück wird je die Kunst erschaffen als es die Weise des Hirten ist; die Kunst ist nur der Abglanz des inneren Lebens, aber diese Flötenlaute sind das tiefe Leben selbst.

Wenn die Frauen nicht sangen, dann hörte man das Flöten der Amseln und der Meisen durch den Wald hallen.

– Wie frei und unbewußt diese Dinge sind, Vögel, Frauen und Bäume! sagte ich der Kaiserin. Es ist ganz dasselbe, wenn diese Frauen oder die Vögel singen. Beide tun es ohne zu wissen warum, weil es so sein muß, alle aus einer lebenden Tiefe heraus. Ebenso sprießt auch der Krokus und die Anemone aus dem Blute des Adonis ... Herolde sind es, die etwas Köstliches verkünden, und beide sagen dasselbe. Ich glaube immer mehr an die Märchen, wo die Vögel so klug reden und den Menschen ihr Schicksal weissagen.

Und die Kaiserin antwortete mit leisem Lächeln:

Hei, Siegfried erschlug nun den schlimmen Zwerg ...
Lustig im Leid sing' ich von Liebe.
Wonnig im Weh' web' ich mein Lied,
Nur Sehnende kennen den Sinn ...

– Glauben Majestät, sagte ich zur Kaiserin, daß der Gesang den Menschen innewohnt wie den Föhren und den Wellen?

– Als ich die Patti, die Nilsson und die Lucca gehört hatte, da bekam ich den Eindruck, daß die Menschen das verloren haben, was alle Dinge in der Welt noch besitzen. Wir haben verlernt zu singen so wie man auch verlernen kann zu lachen.

– Ich glaube auch, Majestät. Alle Dinge haben den

Gesang in sich als ein Element ihres Wesens, ja noch mehr: er ist die Essenz ihres ganzen Seins. Es gibt aber auch einen inneren Gesang. Majestät, der nicht hörbar ist. Könnte man nicht sagen, daß die Linien des menschlichen Körpers ebenso singen? Von unserem ganzen Wesen steigt der Gesang wie ein Opferrauch zur ewigen Sonnenseele empor.

– Aber die Ruhe der Linien ist uns jetzt verloren gegangen. Das Leben wirft finstere Schatten und hinter ihnen geht ein großer Wind ...

Ich sagte:

– Baudelaire hat Euere Majestät geahnt, als er schrieb:

> Je hais le mouvement qui déplace les lignes,
> Et jamais je ne ris, et jamais je ne pleure.

– Er hatte Recht, erwiderte sie. Lachen und Weinen sind wie Asche aus der Glut unserer Seele, worunter sie erstickt ...

Palaeokastrizza, 20. März

Heute machten wir einen Ausflug quer durch die Insel bis zur westlichen Küste und zu einem uralten Kloster. Es liegt mitten im Meer, auf einem vorspringenden steilen Felsenkap, das mit der Insel selbst nur durch einen schmalen Landstreifen zusammenhängt. »Palaeokastrizza« bedeutet soviel wie: »Die (Mutter Gottes) vom alten Schloß«. Auf einer Felsenhöhe hinter dem Kloster, dasselbe überragend und wie verzweiflungsvoll über das Meer gebeugt, erheben sich die Ruinen eines alten Kastells der byzantinischen Despoten von Epirus, des »Angelokastron« (Burg der Angeli). Diese Ruine macht den Eindruck in den Lüften zu schweben.

Als wir ihrer ansichtig wurden, sagte ich zur Kaiserin:

– Von den Söllern dieses Schlosses, Majestät, haben unglückliche Prinzessinnen jahrelang über das westliche Meer geseufzt . . .

– Warsberg hatte dagegen bei dem Anblicke dieser Ruine von einer »Engelsburg« geträumt, sagte die Kaiserin lächelnd. So viele Herren der Schöpfung – so viele Romanzen . . .

Wir waren wieder durch die Ölwälder gegangen. Sowie man die Fahrstraßen verläßt, kommt man immer in den heiligen Ölwald hinein. Ganz Korfu ist ein großer wilder Ölwald, der so wächst wie vor Jahrtausenden, immer auf derselben geliebten Scholle, immer in der Nähe des atmenden Meeres. Lange sind wir so gegangen: eine Stunde? vier Stunden? Bei unseren Spaziergängen habe ich nie einen Begriff der Zeit gewinnen können. Wir wanderten in diesem warmen bebenden Helldunkel zwischen den gewundenen, wie seelisch bewegten Baumstämmen, über den Rasen, der mit zahllosen Margeriten bedeckt ist, die immer zusammenstehen wie Inseln jungen Entzückens auf dem dunklen Meer des Lebens, wo es von Zeit zu Zeit wie ein Aufjauchzen von gelben Sonnenflecken gibt.

Aus allen diesen Dingen kamen Wellen von Seligkeit zu uns; aber alle brachen sich an der schwarzen Gestalt. Nichts konnte an Trostlosigkeit den Kontrast ihrer dunklen Erscheinung inmitten dieser lichten Freude des Frühlings erreichen. Ich habe da oft die Empfindung, als ob sie nur deswegen so rastlos wandere, weil sie einer Atmosphäre, die sie umklammert, sich zu entwinden sucht: wahrscheinlich hofft sie etwas davon an die Dinge abzugeben und Duft und Licht von diesen aufzunehmen.

Plötzlich ahnten wir durch das zitternde Laub der Ölzweige einen Schimmer, wonniger noch als der Azur des Himmels oder der Glanz der Sonne, die die Bäume umarmt: das Meer! – das andere, westliche Meer, das man auf der phäakischen Seite der Insel nicht sieht, aber dessen Nähe man immer empfindet. Bald, auf einer Höhe angelangt, hat man es vor sich, weit ausgebreitet bis an das Himmelsende, ganz unwahrscheinlich blau, blauer als der Himmel, blauer als jeder Begriff von Blau, seliger als alle Seligkeit.

– Wir dürfen hier nicht sprechen, wir müssen lauschen, sagte die Kaiserin.

Und so lauschen wir gleichsam einer Symphonie, die uns umwebt, und den süßen Akkorden, die im Inneren mitklingen. Das Meer glüht auf dem Brennpunkt seiner Leidenschaft wie weiß geschmolzenes Metall, ringsum aber, soweit das Auge nur reichen kann, breitet sich aus und vertieft sich jenes unermeßliche blaue Wehe, das die Lust in sich birgt.

– Welch ein Gegensatz zu dem andern Ufer, sagte die Kaiserin; dort will nichts aus dem Schlummer erwachen.

– Dort wohnen die glücklichen Phäaken, sagte ich, aber hier ist Pan zu Hause.

– Wie eine Dissonanz wirken wir Armselige hier, sagte sie dann. Und doch gehört das alles zu unserer Seele, fügte sie hinzu, und in unseren Geist: dieses ganze unermeßliche, sehnsüchtige Meer – aber es gibt Stunden, wo es selbst ganz und gar versiegt . . .

Kein Segel war auf dem Meer – das Meer ganz allein

für sich mit seinem Atem. Da erblickten wir plötzlich das Kloster vor uns auf dem Kap.

Das Kloster – ein Komplex kleiner alter Gebäude, aneinandergeschmiegt unter einer gemeinsamen Hülle weißer Kalktünche und von einer kleinen runden Ziegelkuppel überragt, ein kleiner gepflasterter Hof, die Kirche in der Tiefe desselben und ihre Pforte offen. Zwei Mönche im Hof. Der eine saß auf einem Steingesimse, welches um den Stamm eines alten Ölbaumes gemauert war; er hielt einen Tonnapf auf dem Schoß und putzte Linsen. Der andere ging mit langsamen hinkenden Schritten gegen die Kirche zu, einen Besen in der Hand schlenkernd. Rund um den Hof die anderen kleinen Gebäude, Speicher und Schupfen und die Mönchszellen, die auf einen hölzernen vermorschten Altan hinausgingen. Eine hinfällige Holztreppe führte da hinauf. Alles so alt, so alt, so in sich selbst versunken in seiner großen Verlassenheit. In dieser Hinfälligkeit und Vereinsamung liegt auch die Ewigkeit dieser Dinge, und sie geben dadurch einen besseren Begriff von der Unvergänglichkeit jener Empfindungen, deren Ausdruck sie sind, als die gewaltigsten Denkmäler kirchlicher Architektur. Die Kaiserin trat hinter dem Mönche, der den Besen hielt, in die Kirche ein. Ein uralter hölzerner Ikonostas in der Tiefe, dessen Vergoldung ganz schwarz war. Vor den dunklen Heiligenbildern, von denen nur die weißen Augen in der Mitte der goldenen Teller der Heiligenkronen sichtbar waren, brannten in silbernen Ampeln, die an Ketten hingen, rote und grüne Öllämpchen, deren flüssige kleine Flammen, sehnsüchtig träumend, wie in sich selbst versiegten und wieder aufatmeten. Es roch nach ausgelöschten Honigwachskerzen, nach altem, wurmstichigen Holz, nach Staub und Moder. Nirgends hatte man so sehr den Eindruck der Zurückversetzung in die Vergangenheiten der Seele. Aus einer Lichtöffnung unter der Kuppel fiel ein schmaler Sonnenstreifen schräg auf einen alten, durch die Abnützung ganz glänzenden Betstuhl: er wollte gar nicht schwinden: es war, als ob er mit Staunen in die Geheimnisse einer ihm unbekannten und unfaßbaren Welt hineinblickte. So fern war diese Vergangenheit, die aus allen diesen Dingen ausstrahlte, und dabei so anwesend! Die Kaiserin zündete eigenhändig zwei Kerzen vor der Mutter Gottes an. Unsere Schritte hallten auf den Steinplatten, wie die von Eindringlingen. Es war, als fiele dieses Geräusch von der stillen Kuppel herab. Wir traten wieder auf den Hof hinaus. Ein unerhörtes Schweigen lag auch über ihm, als wären alle diese Dinge, die da regungslos herumstanden, schon vor tausend Jahren gestorben. Plötzlich kam ein Windhauch vom Berge, wo die Ruine ragte, und erfüllte den Klosterhof mit dem Duft von Salbei und Thymian... Der Mönch mit dem Linsennapf war von seinem Gesims verschwunden. Da kam er gerade mit einem anderen, der offenbar der Prior war, uns entgegen. Dieser bat die Kaiserin, einige Erfrischungen zu sich zu nehmen. Bevor sie noch geantwortet hatte, war der andere davongeeilt und kam bald zurück mit einem Präsentierteller, der Eingesottenes von Quitten enthielt. Der Prior hatte seine große schwarze Filzmütze vom Kopfe genommen. Die Kaiserin bat ihn, sich zu bedecken. Sie frug ihn, ob er hier zufrieden sei.

– Gott sei's gelobt, sagte er, seinen weißen Bart streichelnd. Wir leben, wie es geht und wie es Gott will. Was braucht der Mensch mehr, um Gott zu loben. Glorie sei Ihrer (der Mutter Gottes) Gnade.

– Kommen Sie oft in die Stadt?

– Jawohl, Allerglänzendste. Man muß doch einmal in die Stadt kommen, um einzukaufen. Menschen sind wir immer, und der Körper friert und hungert. Aber was will unsereins in der Stadt? Ich sage nicht, daß es nicht schön ist dort in dem großen Land, aber hier ist es auch gut und besser.

– Und ich sage Ihnen, erwiderte die Kaiserin, daß Sie den allerbesten Teil haben. – Dann nahm sie etwas von den Erfrischungen zu sich und trank ein Glas Wasser. Sie frug dabei den Prior:

– Woher haben Sie dieses Wasser? Es ist sehr gut und kalt. Ist es aus einer Quelle oder vom Brunnen?

– Es ist nicht vom Brunnen, Euer Königtum. Gewöhnlich trinken wir im Sommer vom Brunnen, aber heute haben wir gerade einiges von der Quelle holen lassen, eine Viertelstunde von hier im Walde.

– Ist es die einzige Quelle in der Nähe?

– Die einzige, Euer Königtum. Und ist sie ganz versteckt, man hört sie nur, man sieht sie nicht. Nur die Vögel kömmen, davon zu trinken.

– Können Sie mir nicht angeben, wo sie sich befindet?

– Gewiß, gewiß, der Bruder Basilius wird mitgehen.

– Ich werde ein anderesmal kommen, sagte die Kaiserin, und dann werde ich Sie bitten, mich hinzuführen. Ich muß der Quelle einen Dankbesuch machen, weil das Wasser so gut war.

Dann reichte sie dem Prior ein namhaftes Geschenk für seine Kirche, das er mit Segenswünschen entgegennahm. Er und die beiden andern Mönche geleiteten die Kaiserin bis zur Pforte. Ich wendete mich noch einmal zurück und sah die Mönche auf der Schwelle ihrer stillen, weltentrückten Wohnung, im Begriff in ihr unseren Blikken zu entschwinden. Auf ihren Antlitzen glaubte ich einen Glanz zu bemerken, und es schien mir, als ob sie wie geblendet ihre Gesichter zusammenkniffen, obwohl gar keine Sonne mehr da war...

Es war gegen Abend, als wir heimgingen.

Im Ölwald starb schon das Licht. Die magische Stunde der Dämmerung senkte sich langsam über die Bäume und hüllte deren Kronen in ihre blauen Schleier ein: es war dunkel darunter, wie auf dem Grunde des Meeres.

– Dieses Schweigen, dieses Innehalten alles Lebens wirkt berauschend. Etwas glüht in uns auf, während um uns alles erlischt, sagte die Kaiserin.

Wir gingen an einer Hütte vorbei, die etwas abseits von einer kleinen Ansiedlung lag, zwischen großen Bäumen, deren schwarze Stämme sich gespensterhaft in die Höhe reckten. Ein schwacher Lichtschein fiel aus einer offenen Tür in den dunkelnden Wald. Plötzlich durchschnitt ein einziger schriller, langgedehnter Schrei die Luft – ein Schrei, der mit nichts zu vergleichen war, der jeden Laut an Schrecken, jedes Schwert an Schärfe übertraf; und er brach ab – aber die Luft erzitterte davon. Dann erhob er sich wieder und mit ihm ein ganzer Chor von jammernden Lauten, alle in einem Tone, langanhaltend und kläglich – plötzlich, zu gleicher Zeit, zusammenknickend, entzweireißend und verstummend.

Ein Klagegesang von vielen Weibern war es, und er kam aus der beleuchteten Hütte... Eine Pause, und dann setzte der Gesang von neuem mit größerer Macht ein, um abermals abzubrechen. Diese Pause war wie das Innehalten des stürmischen Atems des Meeres. Eine musikalisch rasende Brandung: der ganze Wald war erfüllt von ihrem Tosen, das sich an den Baumstämmen brach. Und aus dieser wilden und dabei unsagbar süßen, weißen Flut, die sich mit immer denselben wenigen Lauten eintönig hob und senkte wie das Meer, ragte von Zeit zu Zeit, gleich einem spitzen Riff, das oft von den Wellen bedeckt wird, doch nie aus ihrer Mitte verschwindet, eine einzige Stimme heraus – jene Stimme, die mit gar nichts zu vergleichen war, die jeden Laut an Schrecken, jedes Schwert an Schärfe übertraf; alle anderen Stimmen wichen vor ihr zurück und erlahmten an ihrer Härte und Wucht – und wenn sie so allein, wie eine Seele in Pein, sich zerriß, bebten alle Bäume; aber dann wogten wieder die anderen in Wellen heran, wie um die Einzige, einsam Unerreichbare zu bejammern.

– Was ist das, was ist das? frug die Kaiserin, sowie der erste Laut ihr Ohr erreicht hatte, mit Entsetzen in der Stimme, wie ich sie noch nie von ihr gehört hatte – gehen Sie hin, sehen, was geschehen ist.

In mir selbst war gleichsam etwas erstarrt. Ich ging gegen das Haus zu bis in den Bereich des Lichtscheines und warf einen Blick in das Innere: es war ein dumpfer Raum, dessen Hintergrund sich wie in ein endloses Dunkel verlor. Vorne, auf dem hartgetretenen Erdboden kauerten mehrere Weiber im Kreis. Eine rauchende Ölflamme warf auf ihre Gesichter dunkelrote Lichtflecken, die jedoch immer wieder von gierig züngelnden Schatten aufgezehrt wurden. In der Tiefe lag etwas Weißes, langgestreckt auf einem Bett. Eine alte Frau mit zerrauftem grauen Haar hockte in der Mitte des Kreises von Weibern, und schrie, schrie mit all der Kraft ihrer Lunge, sich entzweibrechend, das Gesicht auf die Erde reibend, mit den Nägeln ihre Wangen zerfleischend; aus diesem Geschrei hörte man Stücke zerrissener Worte heraus wie rollende Kiesel ... Als ihre Stimme den Paroxysmus erreichte, brach sie plötzlich ab – als hätte sie keinen Anlaß zu schreien, und warf gleichgültig Blicke um sich herum. Dasselbe taten die andern. Es war, als ob aus einer Tiefe, die ganz losgelöst für sich da war, bei jeder dieser Gestalten die schrecklichen Laute heraufgurgelten und überflossen ... Ich kehrte zurück zur Kaiserin und sagte ihr:

– Es ist jemand gestorben; das ist die griechische Totenklage.

Auf die Frage, wer es war, sagte ich:

– Mir scheint, es ist eine alte Frau, die auf dem Bett liegt (ich war aber fest überzeugt, daß ein toter Sohn von seiner Mutter beweint wurde).

– Da irren Sie sich, erwiderte die Kaiserin mit leiser Stimme (bei deren Ton ich ihr Gesicht, ohne auf dasselbe zu blicken, von unsäglichem Schmerz verzerrt wußte), es muß das Kind jener Frau sein, die schrecklicher als alle anderen schreit – vielleicht ihr Sohn. Gehen Sie noch einmal fragen.

Doch da rief sie mich wieder zurück. – Nein, es ist nicht nötig, ich weiß, es ist ihr Sohn ... Und wir gingen weiter. Nach einiger Zeit des Schweigens sagte sie plötzlich:

– Für die gibt es nichts mehr als das, sie hat keinen Platz mehr für etwas anderes in sich. Jetzt schöpft sie alle ihre frühere Seele aus.

Mit diesen zitternden Worten verstummte sie für diesen ganzen Abend. Wir entfernten uns vom unheimlichen Meer des Leides immer mehr, aber auch aus der Ferne verfolgte uns die klagende Brandung. Jetzt schien sie milder geworden zu sein, gleichsam müde, und ihre einzelnen Anprälle verschwammen ineinander. Mir war aber, als ob jetzt in meinem Innern ein Widerhall sich erhoben hätte, der tönender war als das Brausen jener fernen Wellen ... Die Bäume über uns waren lautlos, nicht ein Blatt regte sich ... Da begannen die Grillen zu zirpen, zuerst eine aus der Ferne, dann in unserer Nähe mehrere zugleich, weiche feine Stimmchen, die bald zu Hunderten im Chor, wie in einem einzigen, unausschöpfbaren, immer neu ansetzenden Atem in der Stille süß und traurig ertönten. Der Bann war gebrochen. Ein kühles Lüftchen warf sich in die Kronen der Olivenbäume; tausend Stimmen flüsterten geheimnisvoll, und die ersten Sterne wurden sichtbar grün und selig durch die Schleier des Laubes.

Wir sprachen heute über die Anna Karenina Tolstois, aus welcher ich einige Passagen vorgelesen hatte.

Die Kaiserin sagte:

– Das Glück, das die Menschen innerhalb der Wahrheit suchen, steht unter tragischen Gesetzen. Wir leben am Rande eines Abgrunds von Not und Schmerz, den die Lüge der menschlichen Gesellschaftsmoral gegraben. Es ist die Kluft zwischen unserem jetzigen Zustand und jenem, in welchem wir uns befinden sollten. Eine Kluft bleibt immer eine Kluft. Sowie wir sie überschreiten wollen, stürzen wir ab und zertrümmern. Wenn der Abgrund mit menschlichem Weh und Leichen von Glück voll sein wird, wird man ungefährdet darüber hinschreiten.

Von der Todesinsel sind wir auf das Ufer des hylläischen Hafens zurückgekehrt. Stehendes Wasser, das aus dem Boden sickert, macht hier die ganze Küste ungangbar. Der Abend versilberte die Tümpel, die zwischen den schwarzen Binsen wie hinter Schleiern durchschimmerten. Einer von diesen kleinen bleichen Seen war mit Wasserrosen bedeckt. Wir mußten rund um sein Ufer gehen, um festes Land zu betreten. Und da sahen wir, wie die Nenuphare einer nach dem andern ihre Kelche schlossen und versanken. Eine Wolke herbsüßen betäubenden Duftes lag schwer und unbeweglich über diesen versinkenden Blumen. Im Hintergrunde des Sees erhoben sich Schilfstauden mit dunkelroten Blüten.

– Wir müssen hier herauskommen, sagte die Kaiserin. Man bekommt Kopfweh von diesem Duft.

– Sie hauchen ihre Seele aus, Majestät, bevor sie in das Reich Persephones versinken.

– Gewöhnlich steigen die Seelen in die Unterwelt, und der Körper bleibt zurück, sagte die Kaiserin. Hier ist das Gegenteil der Fall. Ich glaube, es sind eher Gefühle, die sie in alle Winde streuen. Niemand dankt ihnen dafür; sie wissen noch nicht, daß man sein Innerstes in sich verschließen muß.

Als wir heute den blauen Gipfel erstiegen, der so linde wie die Schleppfalten eines seidenen Frauenkleides nach allen Seiten herabfällt, war der Nachmittag schon vorgeschritten. Einsames Gestein lag da in der Sonne, vom Winde gefegt. Schwarze verzwergte Steineichen und anderes Gestrüpp zwängten sich in die Felsrinnen, wie um sich fest anzuklammern, weil hier immer wütende Winde wehen.

– Wie eine Insel, sagte die Kaiserin, obwohl fester Boden. Dieser Gipfel braucht gewiß nichts anderes als sich selbst – weder andere Berge, noch Täler, noch die Menschen; und doch hängt er mit allen diesen zusammen ... Aber man kann es immer zustande bringen, wenn man es will.

– Wie meinen das Majestät?

– Sich zu einer Insel machen.

– Nur dem Winde, bemerke ich, könnte der Gipfel nicht verbieten, zu ihm zu kommen.

– O, den Wind möchte ich nicht vermissen, wenn ich der Gipfel wäre, und auch die Wolken nicht. All das Gold der Sonne müßte mein sein und die Geheimnisse der Wolken und des warmen Regens. Und dann dieser Kampf, dieser herrliche Kampf! Sehen Sie hier diese schwachen Sträucher, sagte sie, indem sie auf die Pflanzen zeigte, die ängstlich im Winde schauerten, wie sie sich nur anklammern und zwischen die Felsspalten verstecken, was wollten sie auch hier heraufkommen? Sie sind nicht für diese Bergluft bestimmt. Nur der Stein bleibt fest und zeigt seine Brust ...

Wie sie so sprach, kam mir ein Salomonischer Vers in

den Sinn, den ich einmal in einem griechischen Kloster herrlich schön singen gehört:

Erwache, o Nordwind,
Und komme, du Südwind,
Zu wehen über meinem Garten.

Und ich sah sie da vor mir als Zauberin in dem geheimnisvollen Garten ihrer Seele, ihre wehenden Sehnsuchten auf den silbernen Wolken ihrer Träume mit den Harmonien ihrer Gedanken heranlockend.

– Hier oben, sagte dann die Kaiserin, denke ich mir die Nymphen, in den Mondnächten aus den Niederungen zu ihren luftigen Tänzen heraufkommen und die Wolken im Kreise auf der Kuppe des Berges gelagert als Zuschauer, und dann bläst der Wind und jagt alle weg, und der Mond lacht aus vollem Gesicht.

Nach einer Weile sagte sie lächelnd:

– Vor einiger Zeit soll hier ein Eremit gewohnt haben. Die Leute in Korfu sagten, er wäre ein Narr und spräche mit den Bienen und Wolken und verkehre nur mit Hexen. Vielleicht hat er selbst die Leute in Korfu für Narren gehalten ... Aber der Wind hat ihn doch auch getötet ...

Im Peristyl

Eine laue Nacht voller Sterne und Blendungen. Über dem Kegelberg der »Aja Kyriaki« mit der schwarzen Zypressenkrone stand der große Bär, und aus seinen großen Sternen floß eisiges Licht, das man in die Seele sickern fühlte. Weiterhin zitterten die stillen jungfräulichen Plejaden. Das Haar Berenices wurde auch sichtbar, wehend in einem Wind überirdischen Glanzes. Alle Sternbilder traten an die Oberfläche des Himmels mit einer Klarheit und Intensität, die fast erschütternd war, weil sie die Empfindung eines fernen, verhaltenen Lebens voll untragbarer Leidenschaften mit sich brachte. Der große Milchstrom schlängelte sich ruhig an allen leuchtenden Sternen vorüber und bog dann in die Fernen anderer Himmel: viele winzige Sternlein schwammen in seinen Fluten ewigeren Geheimnissen entgegen ... Da glühte für eine Sekunde ein großer Stern grell weiß auf, so daß die andern um ihn herum erbleichten. Da gab es einige rote wie brennende Kugeln, die sich in ihrem eigenen Feuer verzehrten. Grüne und blaue Sterne segelten selig auf schwarzen Wogen, ohne sich umzublicken. Ich sagte das der Kaiserin, und sie entgegnete:

– Und von all diesen Sternen gibt es Tausende und Abertausende ...

Da waren Sterne, die ihre Augen nicht schließen konnten, obwohl ihnen die Lider vor Schlaf zufielen, weil sie auf den Mond warteten, und andere, die vor lauter Tränen den Weg nicht mehr recht sahen und unschlüssig nach allen Seiten auslugten.

Und die Kaiserin sagte wieder:

– Und von diesen Sternen gibt es Tausende und Abertausende ...

Und viele noch waren da, große, herrliche, die einen Strahlenkranz um den Kopf trugen, welche die anderen nur aus der Ferne zu bewundern wagten. Einem von diesen schönen, der lichtgrün war, folgte ein kleiner tiefblauer auf Schritt und Tritt, unermüdlich, ohne daß jener sich umwandte, und dann gab es solche, die ganz verlassen waren mitten in einem großen dunklen Himmelsfleck, und diese waren die allertraurigsten. Und die Kaiserin sagte:

– Auch von diesen Sternen muß es Tausende und Abertausende geben . . .

Leise nur hörte man das Meer heraufrauschen wie einen Atem im Schlaf . . . Die Zypressen auf der Terrasse hoben sich vom Himmel ab wie schwarze, immerwährend fallende Tränen. Sie hauchten einen herben balsamischen Duft aus. Auch vom Berge kamen Essenzen wilder Blumen, die an die lieblichen Farben ihrer Blüten erinnerten.

Die Kaiserin aber ging im Peristyl auf und ab, und sie war wie die Verkörperung dieser fast übersinnlichen Schönheit, die hier an die Oberfläche des Lebens getreten war. Ich las ihr wieder aus »Peer Gynt« vor: den Tod Asas.

Wenn ich mir vor Augen halte, was ich in solchen Stunden erlebe, fühle ich mich wie geblendet.

Ein Blick genügt ihr, um etwas zu wissen. Man kann ihr dann noch alles Mögliche sagen, nichts ändert an ihrem ersten Urteile. Wir sprachen von einer Persönlichkeit, an deren Ergebenheit sie zweifelte. Ich wollte dieselbe verteidigen. Sie sagte:

– Mich kann man nie beeinflussen, weder zum Guten noch zum Bösen, denn ich überlasse alles meinen innerlichen Stimmen und dem Schicksal.

Später fügte sie hinzu:

– Haben Sie nicht bemerkt, daß ich von Ihnen mehr weiß als Sie selbst? Vom ersten Blick an weiß ich, was die Menschen bedeuten. Man könnte zu mir kommen und mir von jemand sagen, er sei ein Dante und mir seine »göttliche Komödie« vorweisen, ich würde es nicht glauben, wenn ich nicht von ihm wüßte, daß er so sein könne. Es gibt aber auch Menschen, die herrlich und gewaltig sind wie Berge und an denen man ebenso verständnislos vorübergeht wie an den Bergen.

Als wir heute über eine Wiese gingen, sagte die Kaiserin:
ben Sie schon darüber nachgedacht, was alles die Werke der Gräser sind? Die Blumen träumen in ihren Armen ihren kurzen Traum; die Nymphen und Elfen Shakespeares tanzen auf denselben; die Hirten lassen ihre Flötenseufzer darin ersticken; die Bäche singen ihnen ihre Lieder, und die weidenden Schafe breiten über sie ihre Ruhe aus; die Schmetterlinge überraschen sie mit ihrem Flügelschlage, und die Bienen wiegen sich auf ihnen in Schlummer ein. Das ist das Lebenswerk der Gräser!

Heute sind wir plötzlich unter eine Gruppe von Mandelbäumen geraten, die wie eine weiße Insel für sich bildeten.

– Wie eine Wiege, sagte die Kaiserin, wo man neugeboren werden könnte, wenn es der Mühe wert wäre.

– Wie die Wolken eilig der Sonne nachrasen, rief sie heute abends beim Sonnenuntergang. Wie Hexen, die ein goldhaariges Mädchen verfolgen.

Dann fügte sie hinzu:

– Die Leidenschaften des Himmels, die wir täglich sehen, lassen uns unsere eigenen Sorgen vergessen.

Als wir gestern den Gipfel der »Aja Kyriaki« erstiegen hatten, sagte die Kaiserin:

– Sehen Sie, jetzt sind wir um einen Wunsch ärmer und gewiß um zehn andere reicher. Es ist wie bei den Menschen: für einen Toten zehn Neugeborene. Jedesmal, wenn ein Wunsch in uns stirbt, stirbt ein Teil unseres Inneren ab, und wir werden zu neuen Wünschen geboren wie die Menschheit zu neuen Leiden. Aber zu wünschen und zu leiden werden wir nie aufhören.

Jeden Berg, den sie sieht, möchte sie ersteigen.

– Es gibt so wenig Plätze auf der Erde, sagte sie mir heute, die nicht abgetreten sind und somit ihren ursprünglichen Charakter unentweiht bewahrt haben. Darunter rechne ich die Gipfel der Berge – ich meine nicht gerade die Schweizer Alpen: es ist nicht nötig, daß man nur eine Alpe besteige. Auch die Hügel genügen; sie sind immerhin Inseln der Einsamkeit. Sie haben uns auch mehr zu sagen, weil ihre Beziehungen zu uns weniger getrübt sind. Man fühlt sofort den Unterschied. Ich kann auf den höchsten und einsamsten Höhen der Berge atmen, freier atmen, wo andere sich verloren fühlen würden. Es ist also nicht wegen der Örtel'schen Kur, daß ich auf die Berge gehe. Sie hingegen müssen sich, wider Willen vielleicht, dieser Kur unterziehen. Es ist auch etwas anderes dabei: die Lust am Klettern. Ich muß es von den Ziegen haben, deren Milch ich so gerne trinke. Ich sehe gar nicht darauf wie die Touristen, wieviel Meter hoch ich steige, sondern ich will nur steigen. Das Steigen ist anziehender als jede erreichte Spitze. Für mich ist die Spitze kein Ziel, sondern ein Hindernis, wie beim Reiten.

Später fügte sie hinzu:

– Ist es nicht merkwürdig? Wenn ich in der Schweiz bin, habe ich gar kein Bedürfnis nach den Bergen – vielleicht, weil es die anderen Leute haben. Da ziehe ich vor, in den Städten zu flanieren, zumal in Genf. Es ist dies mein liebster Aufenthalt, weil ich da ganz verloren gehe unter den Kosmopoliten: das gibt eine Illusion von dem wahren Zustand der Wesen.

Die Wunder der Dämmerung begannen sich zu entfalten: der Himmel des Westens glühte in infernalem Rot, die albanesischen Berge – eine Endlosigkeit von rosenroten Träumen; und der Abend fiel wie leiser trostloser Gesang auf die Verlassenheit des Meeres. Wir gingen hinunter zum Strand, wie um teilzunehmen an seiner Einsamkeit. O die verlorenen Perlenschimmer! – die weiten Blässen, die niemand sieht!

– Sehen Sie, sagte mir die Kaiserin, indem sie auf zwei große weiße Wolken zeigte, die sich drüben auf dem Gipfel eines Berges niedergelassen hatten und nun langsam auf das Meer sich hinabsenkten, diese Wolken sind wie wir: sie wollen auch zum Meer, um sich dort von ihren Erlebnissen auszuruhen. Das Meer ist wie eine große Mutter, an deren Brust man alles vergißt.

Während sie so sprach, sanken die Wolken immer tiefer auf den Spiegel des Meeres. Und der Abend hatte sie inzwischen mit Rosen bestreut.

Ich las der Kaiserin heute aus »Peer Gynt« vor, zuerst das Lied Solveigs:

Nun ist alles zu Pfingsten bereit,
Lieber Knabe, noch immer weit, –
Kommest du wohl?
– – – – – – –
Ich will schon warten.
Sei's noch so lang.

Da sagte sie:

– Warum warten? Er war vielleicht gar nicht der, den sie lieben sollte und für den sie geboren war. Man täuscht sich so oft in jungen Jahren und will sein Schicksal sich selbst schaffen. Vielleicht hat der wirklich Erwählte auch auf sie gewartet? . . .

Die Knäuel (rollend vor Peer Gynts Füßen):
Wir sind Gedanken.
Du mußtest uns denken . . .
Peer Gynt (stößt mit dem Fuße):
Gab mein Leben fort an einen –

Die Kaiserin:

– Man soll es an keinen fortgeben, sondern es leben in allen und mitrollen . . .

Trockene Blätter (vom Winde fortgewirbelt):
Wir sind ein Wort.
Du solltest es künden:
Haltlos verdorrt mußten wir schwinden,
Wir wurden nicht Kränze,
Nicht Früchtebeschirmer . . .

Die Kaiserin:

– Die Blätter sind überhaupt etwas Nebensächliches, tote Wünsche, die vergessen werden und unausgeführt bleiben, während die Früchte die direkten Zwecke der Schöpfung sind. Homer hat recht, wenn er die Menschen, die um die Helden herum kämpfen, mit Blättern im Wald vergleicht. Sie sind nur da, um neben den Herrlichen zu vegetieren . . .

Geknickte Halme:
Wir sind die Werke,
Du mußtest sie üben.
Dahin die Stärke,
Du wolltest nicht lieben.

Die Kaiserin sagte:

– Herrlicher als jede Tat ist das Ungeschehene. Es ist der Zustand der Wahrheit im Paradies des ewigen Bestehens, während die Tat die Vertreibung daraus in die Vergänglichkeit . . . Und was die Liebe betrifft – sie hat eine bittere Feindin: die Ironie.

Tautropfen (von den Zweigen tröpfelnd):
Wir sind die Tränen,
Du mußtest sie weinen,
Hassen und sehnen
Konnten wir einen . . .

– Er hat wieder Unrecht, sagte die Kaiserin, ich weiß es aus Erfahrung: die wahren Tränen kann man nicht weinen, und die man weint, verrinnen alle umsonst.

Sie stand am Brunnen und lauschte dem Wasser, das ohne Ende murmelte. Der Seewind rauschte durch die Zypressen, die wie Äolsharfen säuselten – erinnerungsloses Heimweh. Die Plejaden stiegen höher am Himmel – und die Zeit rann unaufhaltsam in den Abgrund. Plötzlich sagte sie:

– Wissen Sie, warum ich so gerne inkognito reise? Weil ich es wie die Erde und das Meer tun möchte. Die Namen, die ihnen die Menschen gegeben, gelten doch nur für diese selbst. Sie behalten trotzdem ihre Anonymität, und wo sie am freiesten und einsamsten sind, dort reichen die Menschen mit ihren Nomenklaturen nicht hin.

Ausflug nach Lakones

Heute sind wir wieder den herrlichen Weg nach Palaeokastrizza gegangen. An dem Kloster vorbei erstiegen wir dann den steilen Berg, der dahinter emporragt. Hoch oben, gegen die Mitte der Lehne, die mit Ölbäumen und Zypressen bedeckt ist, sahen wir das Dorf Lakones, wie aneinandergereihte weiße Perlen. Dahinter steigen wieder die Felsen hinan, mit violetten und gelben Blumen bestreut, und die Kuppen sind wie nackte runde Brüste. Das Dorf Lakones selbst besteht aus kleinen zerlumpten Lehmhäusern mit Kalk übertüncht, die von den Felsen wie aneinandergekittete Vogelnester hängen. Nelken und Geranien in Holzkisten blühen in Flammen auf den flachen Dächern; schöne Frauen kauern vor den Toren, zwischen verwitterten Pfeilern; mehrere dicke Schweine sonnen sich in der Gasse; Hunde stürzen uns entgegen und kläffen wütend.

– Sie tun Euch nichts. Zurück! Hieher! Photiá!

Agápi! Schande über euch! So werden die Hunde in die Tore zurückgejagt von wohlwollend lächelnden Weibern in weißen Gewändern und Kopftüchern und künstlich geflochtenen Haarkronen. Alle halten einen Spinnrocken in der Hand, wie die Weiber der Königin Arete. Dann kommen auch die Männer aus ihren Ölpressen heraus und nehmen ihre runden Strohhüte vom Kopfe ab, denn alle erkennen die Kaiserin. Und sie verfolgen ihre Gestalt mit leuchtenden Blicken voll Bewunderung und mit Segenswünschen:

– Ora kali vasilissa! ái sto kalo! (gute Stunde mit dir, o Königin, geh' hin zum Guten).

Die Kaiserin aber, den Kopf mit schwanenhafter Anmut zum Gruße neigend, schwebt vorüber und in das lichte Dunkel ihrer Wälder.

Jedesmal wenn wir das Ziel unserer Ausflüge erreichen – und das sind meistens die Grate der Berge, von denen aus man auf beide Meere ausblicken kann – da ist es wirklich, als ob sie in ihr Königreich feierlichen Einzug hielte, als ob sie erst Kaiserin über sich selbst würde. Dann trägt die Trauernde gleichsam weithin strahlende Gewänder. Sie wird dann die Jugend und das Leben selbst. Wie die Melusine in ihrem stillen Waldweiher, ferne den Blicken der Profanen, offenbart sie ihre wahre Gestalt und lebt ihr eigentliches Leben . . .

Wir sind heute auf dem Wege vom Schlosse nach der Bucht von Benizze einem italienischen Ingenieur begegnet, der einige Reparaturen im Schloß vorzunehmen hatte und den die Kaiserin von früher her kannte. Sie befahl mir, ihn auf italienisch anzusprechen und ihm zu sagen, er sehe sehr gut aus, er sei dick geworden, es scheint, die Luft schlage ihm gut an. Ich frug:

– Können Majestät nicht Italienisch? Majestät sind doch die Königin von Venedig?

– O das ist schon lange her, versetzte sie heiter lachend mit einer Geste in die Ferne. Der Kaiser spricht noch sehr gut Italienisch. Das ist das einzige, was uns von unserem Königreich übrig geblieben ist – mehr als wir brauchen. Ich habe auch Italienisch lernen müssen, aber ich konnte mich nicht damit befreunden. Die ganze Mühe wäre auch umsonst gewesen.

Wir sind bei Mondenschein noch zum Heine-Tempel gepilgert. Die Kaiserin blieb eine Zeitlang stumm vor der müden Marmorgestalt des Dichters – und schweigend gingen wir zurück.

Milde Nacht lag wie ein Schleier über dem Laub der Bäume und über den Sträuchern zu unseren Füßen. Die Musen alle schimmerten: im rieselnden Licht war es, als ob sie sich regten. In der Ferne der Gärten leuchteten die weißen Nymphen. Der weiße Mond stand hoch am Himmel.

– Diese Stille, Majestät! Der Mond kann seine Blicke nicht abwenden!

– Wir dürfen jetzt nicht sprechen, sagte sie, alles ist so still, damit der Endymion nicht erwacht.

Sie ist die Einsamste aller Einsamen. Das muß man nicht nur symbolisch auffassen. Eine Notwendigkeit ist es ihr, fast eine Lebensfunktion, von Zeit zu Zeit, ja zu gewissen wiederkehrenden Zeiträumen sich auch äußerlich zu vereinsamen. Sie hat den fast schmerzhaften Wunsch, allein zu sein und angesichts ihrer Geheimnisse zu träumen. Dann begibt sie sich in Oasen des Alleinseins, zu denen niemand Zutritt hat. Um fünf Uhr morgens durchstreift sie schon die Gärten des Achillesschlosses – alle Welt schläft, nur sie wacht und wandelt in der Stille herum . . . Gestern bei grauendem Morgen stand ich auf und begab mich – ohne zu wissen warum – direkt über die Göttersteige auf die Hermesterrasse. Ein weißer Widerschein erhob sich im Osten hinter dem schwarzen Rücken der Berge, deren Körper in Dunkel getaucht waren, gleichsam in die Finsternis ihrer eigenen Schatten. Vom Meere, das man in einer verschwommenen unermeßlichen Blässe mehr ahnte als sah, stiegen die feuchten Kühlen des Morgens herauf. Am Himmel waren die Sterne fast alle erloschen, nur ein einziger, von erschreckender Größe und Herrlichkeit, stand im Zenit. Es war der Sirius: eher einer kleinen weißen Sonne ähnlich, die ihr Licht aufschwellen und in sich versinken ließ. Unter ihm reckte sich in die Höhe eine große, schwarze Zypresse, deren Wipfel in einem Windhauch, den man weder fühlte noch hörte, leise sich neigte . . . Da sehe ich sie plötzlich zwischen den Säulen des weißen Palastes wie einen Schatten huschen. Ich war außerordentlich erstaunt, sie um diese Stunde hier zu finden, und wollte mich zurückziehen; aber sie näherte sich rasch wie ein schwarzer Engel, der ein Paradies zu verteidigen hätte, und sagte mir:

– Ich bin immer hier, bevor die Sonne aufgeht, um zu sehen, wie alles erwacht. Sie müssen niemals mehr zu dieser Stunde heraufkommen. Dies ist die einzige Zeit, wo ich ganz allein bin.

Ich entfernte mich schweigend; ich war erschreckt und wie traumverloren: mir war, als hätt' ich das Märchen von der Melusine erlebt.

Wir waren heute wieder auf »Aja Kyriaki«.

– Hier allein gefällt es mir ganz, sagte die Kaiserin. Hier könnte ich sogar mein Prinzip verleugnen und ewig haften bleiben. – Das Meer ist heute wie ein See, sagte sie nach einer Weile und lächelte dabei. So heimisch fühle ich mich hier, daß ich an den Starnberger See und an Possenhofen denken muß.

Ich dachte mir: »Jetzt hat sie aus ihrer Kinderzeit heraufgelächelt.« Es war erschütternd zu bedenken, daß sie, die jetzt in den dunklen Gemächern der Erkenntnis, dort, wo der Mensch eigentlich zu Ende ist, weilte, auch einmal Kind gewesen und mit ihren Schwestern gespielt hatte an den grünen Ufern jenes Sees, der auf sie und ihr ganzes Geschlecht eine tragische Faszination ausübte. »Eigentlich hat sie nie aufgehört das zu sein, was sie war«, dachte ich mir. »Von ihrem See hat sie sowohl als ihre Schwestern den Gedanken des Ertrinkens bekommen. Mit den Jahren ist dann für sie aus dem See das Meer geworden.«

Wir gingen wieder am Strande. Sie sagte:

– Das Meer ist mein Beichtvater, den ich täglich aufsuchen muß. Es macht mich wieder jung, weil es alles Fremde von mir nimmt und mir seine Gedanken gibt, welche die einzige unsterbliche Jugend sind. Es kann selbst nicht sterben, und deswegen verjüngt es alles um sich. Von ihm kommt meine ganze Weisheit her. Auch in Gödöllö gibt es einen Baum, der mein bester Freund in dieser Welt ist, sagte sie dann. Jedesmal, wenn ich hinkomme, und bevor ich abreise, gehe ich zu ihm, und wir blicken uns einige Minuten schweigend an. Er ist der Vertraute meines Lebens; er weiß alles, was in mir ist und was in der Zwischenzeit geschieht, solange wir uns entfernt sind; er wird es auch niemand sagen.

– Sehen Sie, sagte die Kaiserin nach einer Weile, indem sie auf die kleinen Inseln zeigte, die auf vergoldeten Gewässern schwammen, wo eine Insel sich ausbuchtet, dort vertiefen sich lieblich alle Traurigkeiten der Welt.

Heute saßen wir lange im Anblick des geheimnisvollen Meeres, und wir schwiegen die ganze Zeit, während nur das Meer schrie. Es schrie für uns Schweigsame. Und wir wußten, daß unser Schweigen und Ruhen dasselbe besagte, was das Meer so schrecklich austönen ließ.

Je länger ich in ihrer Nähe weile, desto mehr belebt sich in mir der Gedanke, daß sie zwischen zwei Welten steht. Wenn wir stundenlang am homerischen Strand wandern, sie wie ein verkörperter Schatten gleitend an der lichten Küste des Lebens, und die ewigen Wellen uns anschreien, da habe ich immer die Empfindung, als ob sie etwas versinnbildliche, das zwischen Leben und Tod liegt oder in beiden zugleich. Sie selbst hört aus der feierlichen Ansprache des Meeres immer nur das eine heraus: daß nämlich unvergänglichere Kräfte und Zustände als jene, die wir auf der Insel des Lebens kennen, uns für sich beanspruchen.

– Das Meer will mich immer haben; es weiß, daß ich zu ihm gehöre, sagt sie mir fast jedesmal, wenn wir am Meere gehen.

Ich weiß es mir auch nicht auszudenken, daß sie auf gewöhnliche Art aus dem Leben scheiden könnte, nachdem sie in das reale Leben nicht hineingehört. Ihre Lebensatmosphäre ist eine andere als diejenige, worin wir atmen. Von unserem Standpunkt aus ist ihr Leben eigentlich ein Nichtleben: man könnte sagen, sie befindet sich noch als Lebende in einem Zustand, der das Leben ausschließt. Dieses Geheimnis, das sie umgibt, das sie den Menschen zu einem Rätsel macht, ist für sie eine Quelle von Gewißheiten; sie hüllt sich darin, wie in einen Panzer, um ihren Seelengehalt vor Verflüchtigung und Beeinträchtigung durch äußere menschliche Beziehungen zu schützen . . .

Wir gingen an einer Felswand vorüber, die wie eine versteinerte Riesin aus der bewaldeten Ebene sich erhob. Wie weich die Schönheit diesen harten Stein bog! Ihr Haupt war mit goldenen Locken glühenden Ginsters bedeckt, die lange an ihr herabflossen. Breite verworrene blaue Adern liefen über die Stirne des blutroten Steines. Die Kaiserin sagte:

– Sehen Sie die Gedanken des Felsens; auch in ihrer Erstarrung geben sie ihm Schönheit, denn sie sind der Felsen selbst und nichts Fremdes an ihm. In den kühlen, abendlichen Stillen gingen wir durch den Wald und dann einen felsigen Abhang hinan, der mit Mastixgestrüpp und Thymian in Blüte bewachsen war. Die herben vereinsamten Düfte schwebten langsam über diese Halde, deren Trostlosigkeit kein Laut störte. Eidechsen glitten über die kleinen Wege, die sich zwischen dem Gestrüpp öffneten, und auch Vögel hüpften in diesen Irrgängen oder flatterten kurz auf, ohne zu zwitschern. Etwas Schweres legte sich auf die Brust, und die Kaiserin sagte:

– Irgendeine Seele leidet in dieser Stunde . . .

Unser Inneres ist wertvoller als alle Titel und Würden, sagte letzthin die Kaiserin. Das sind bunte Lappen, womit man sich behängt und Nuditäten zu verdecken glaubt. Sie ändern gar nichts an unserem Wesen. Was an uns von Wert ist, bringen wir in das Leben mit von unseren geistigen Vorexistenzen. Aber das verstehen die Leute nicht, sonst würde jeder auf und davon laufen und sich nach niemand mehr umsehen.

Später bemerkte sie:

– Es ist merkwürdig, wo Menschen hinkommen, muß alles zerstört sein. Die Menschen tun den Dingen immer Unbill an; nur wo die Dinge allein sind, behalten sie ihre ewige Schönheit. Deswegen zeige ich auch den Leuten nicht mein Schloß: in einigen Monaten würde kein Stein mehr aufrecht stehen. Sie schreiben überall ihren Namen hin, wie, um auf die Steine selbst das Siegel ihrer Nichtigkeit aufzudrücken und sie in ihren eigenen Untergang mitzuzerren. Sehen Sie, nur wo Städte waren, sind Ruinen; in den Städten sind die Bäume verkümmert. Aber die Gipfel der Berge sind so, wie sie geschaffen wurden.

Wir sprachen dann über die modernen philosophischen Systeme, zumal von Nietzsche, von dem sie nie etwas weder gelesen noch gehört hat. Sie sagte:

– Wir sind ein Stück dieser Welt, warum wollen wir soviel wissen und grübeln. Glauben Sie, daß die Ölbäume darüber nachdenken, warum die Mohnblumen rot sind, oder warum die Wolken abends leuchten? Auch die Felsen machen sich keinen Begriff von der Meteorologie. Alle diese Dinge leben in einer Tiefe, wo es keine Geheimnisse gibt – weil sie alle miteinander und ineinander leben; nur wir haben uns außerhalb der Welt gestellt; wir haben alle Brücken und Bande abgebrochen. Der richtige Übermensch wäre jener, der vergessen würde, daß er Mensch ist. Unser Geist und Verstand sollte uns wieder jenes Gefühl von der Welt geben, welches die anderen Dinge in ihrem Unbewußtsein besitzen.

Sie ist die Einsamste der Einsamen; denn sie gehört sich ganz.

– Die Leute wissen nicht, was sie mit mir beginnen sollen, sagte sie gestern, weil ich in keine ihrer Traditionen und längst anerkannten Begriffe hineinpasse. Sie wollen nicht, daß man ihre Schubladenordnung störe. So gehöre ich denn mir ganz. Auf meinen Spaziergängen laufe ich auch wenig Gefahr, »zivilisierten« Menschen zu begegnen; denn sie ziehen mir nicht nach in die Einöden – da haben sie wohl Besseres zu tun. Das sind meine langen Einsamkeiten, aus welchen ich erkenne, daß man die Schwere seiner Existenz am meisten fühlt, wenn man in Kontakt mit den Menschen ist. Das Meer und die Bäume nehmen uns alles Irdische ab; wir werden selbst einer von den Zahllosen. Jeder Verkehr in der menschlichen Gesellschaft ist eine Ablenkung von diesem Aufgeben, er verschärft die Empfindung unserer eigenen Individualität, die immer wehe tut. Es gibt aber Menschen, die mir ebenso angenehm sind wie die Bäume und das Meer, weil sie ebenso sind wie die Bäume und das Meer. Das sind die Fischer, die Landleute und die Dorfnarren, Leute, die wenig unter den vielen Menschen sich bewegen und viel mit den ewigen Dingen verkehren: sie geben mir mehr als ich ihnen je als Kaiserin geben könnte, deswegen verlasse ich sie immer mit großer Dankbarkeit; sie befreien mich von etwas Fremdem und Beengendem, das an mir haftet und mich bedrückt …

Benizze, Sonntag, 27. März

Wir gingen heute früh durch das Dorf. Das Meer lag in unbeschreiblicher Sonntagsfreude, ganz ruhig und hell glänzend wie verzückt. Die kleine alte Kirche mit dem grauen venetianischen Glockenturm war offen und bis auf die Straße voll Andächtiger, die zur großen Messe herbeigeströmt waren. Die Frauen alle sonntäglich gekleidet, schneeweiße Tücher auf dem Kopf, neue brennende rote Bänder in die Haarkronen geflochten und mit langen goldenen Ohrgehängen; die Männer in frischgewaschenen Hemden, blauen Beinkleidern und weißwollenen homerischen Knemiden.

Aus der dunklen Öffnung der Kirchentür ergoß sich blauer Weihrauch in schweren, dunkel duftenden Wellen, die der Hauch des Frühlings langsam in die Landschaft und über das Meer trug – zwei Atem von verschiedenen Welten, deren Vereinigung das tiefe Leben symbolisierte und berauschend wirkte.

Und dann ertönten klar bis zu uns die Gesänge der griechischen Liturgie, die sich in trostloser Müdigkeit wie Schatten in die lichte Landschaft schleppten. Diese Laute schöpften sich selbst aus dem Dunkel herauf, erklommen mit langsamen, mühseligen Schritten eine Anhöhe, verweilten einige Sekunden wie unschlüssig und hilfeflehend auf dem Gipfel und versanken wieder, erstickend in unterirdische Tränen. Oder es kam eine Welle, die alles im ersten Keim begrub. Dann brach plötzlich eine einzelne Stimme wie ein geller Schrei der Verzweiflung aus der purpurnen Umfriedigung des Dunkels und der Erschlaffung und flog mit der Vehemenz einer hellen Lanze gegen den Himmel, ohne ihn zu erreichen, schoß wie ein Stern in grüne Himmelsweiten, wo sie hangen blieb und erlosch. Und dieser Gesang wiederholte sich in einer Monotonie, die so ergreifend war wie das unabänderliche Wogen der Wellen. Er machte den Eindruck eines Weinens, das nicht ausgeweint werden konnte, weil es von außen her erstickt wurde, als ob der Frühling mit weißen duftenden Händen den dunkel singenden Mund dieser Kirche verschließen würde. Und wenn diese Hände erlahmten, loderten die unterdrückten Laute wieder auf, und wie ein Wasserstrahl, der in der Höhe aufblüht, öffneten sie sich in helle Kelche, die im Winde hoffnungsloser Ekstasen entblätterten und in schweren und sonoren Tränen zu Boden regneten.

Als wir der Kirche näher kamen, trat ein alter Mann heraus, vor dem alle Umstehenden zurückwichen, wie um ihm Platz zu machen; er hielt ein brennendes gelbes Wachskerzlein in der Hand und starrte wie verklärt lächelnd vor sich hin. Das Flämmchen in seiner zitternden

Hand nahm sich in der Sonne wie ein dunkler Fleck aus, aber sein Antlitz, sein weißer Kopf waren von einem Lichtstrahl umgeben, der anscheinend gar nicht von der Kerze kam. Alle Leute blickten ihm nach, einige Kinder und Frauen bückten sich und küßten ihm beim Vorübergehen die Hände. Der Kaiserin fiel das auf. Sie sagte mir, ich möge mich erkundigen, wer der Mann sei. Ich wendete mich an eine dicke Bäuerin mit schweren Ohrringen, die mit auf den Bauch gelegten Händen dastand und mit einer Nachbarin leise sprach.

– Das ist der alte Spyros Aulonitis, sagte sie, so ist dem seine Art, aber er ist ein heiliger Mann. Der hat den »Haros« von Angesicht zu Angesicht gesehen. Zwei Tage lang war er tot und lag noch im Sarg, wie seine Schwiegertochter in die Wehen kam; und sie hat einen gesunden Knaben geboren, schwer und fett wie ein kleines Lamm. Und da ist der Tote plötzlich lebendig geworden und ist aus dem Sarg gestiegen, und das Kind ist gleich gestorben. Aber er spricht nicht mehr, mit Niemandem, fügte die redselige Bäuerin hinzu, sondern er geht so still herum und lacht, wie wenn er den Himmel sähe. Und die brennende Kerze hat er immer bei sich, Tag und Nacht. Nur zu seiner Schwiegertochter redet er manchmal; wenn sie sich zuviel plagt, das sagt er: ›Laß das, laß das, das ist alles nicht das Richtige, es ist alles in den Wind.‹ An ihr hängt er, als ob sie seine Mutter wäre. Da, sehen Sie, da ist sie!

Und sie zeigte mir eine bleiche Frau mit einer Krone von Haarflechten, die wie schwere Schatten auf ihrer Stirne lagerten.

– Das ist die Schwiegertochter vom alten Spyros.

Die Kaiserin war inzwischen näher getreten und hatte zugehört. Die Leute erkannten sie und scharten sich um uns. Die Kaiserin wünschte vielleicht die bleiche Frau anzusprechen, aber die vielen Menschen schreckten sie davon ab. Inzwischen war die Kirche aus. Ein kleiner barfüßiger Knabe lief behend durch die Leute und hing sich mit seinem ganzen Körper an den Glockenstrang, und die Stimme der Glocke quoll hervor wie flüssiges Silber, glitt in Sprüngen durch das stille Strahlen der Luft wie die weißen Kiesel, welche die Kinder über den Meeresspiegel werfen, schwoll und zerfloß mit einem schlürfenden Atemlaute, wogte vor und zurück, blieb in der Luft hängen und erfüllte alles mit einer Flut von jauchzenden Wellen.

Wir sind heute abend wieder am Heine-Tempel vorübergegangen. Sein Anblick ist immer erschütternd: in der Ewigkeit dieser Umgebung das Denkmal der Vergänglichkeit, die als solche ewig ist. Ich fragte die Kaiserin, welche von den Heine'schen Liedern sie am meisten liebe. Sie sagte:

– Alle; denn alle sind nur ein einziges Lied – eines und dasselbe. Sein Unglauben an die eigene Sentimentalität und Begeisterung ist auch mein Glaube. Die Journalisten rechnen es mir sehr hoch an, daß ich eine Verehrerin von Heine bin; sie sind stolz darauf, daß ich ihren Heine liebe, aber ich liebe an ihm seine grenzenlose Verachtung der eigenen Menschlichkeiten und die Traurigkeit, mit der ihn die irdischen Dinge erfüllten.

Heute war sie nicht sie selbst.

Sie errötete und erbleichte in einem fort, ohne erkennbare äußere Ursache, und versuchte mit augenscheinlicher Mühe von trivialen Dingen zu sprechen. Bei der Stunde hatte sie wiederholt einen Brief gelesen und war ganz abwesend.

Ich brauche sie gar nicht anzublicken, um zu wissen, daß die Harmonien, die den Kern ihres Wesens weben, irgendwelche Störung erlitten haben; unmittelbar empfinde ich immer die Schwingungen, die von dem getrübten Seespiegel ihrer Seele ausgehen, als ob die letzten Ringe, die sich davon ausbreiten, in mein eigenes Innere sich auflösen würden. Sowie auch nur ein leiser Hauch von dem, was die Leute Leben nennen, die unversiegbaren Fluten des Schmerzes erreicht, unter denen ihre Seele erstarrt ist, steigt eine Welle roten Herzblutes ihr in die Schläfen bis in die Wurzeln ihrer Haare und umhüllt ihr Antlitz, gleichsam um es vor äußerer Unbill zu schützen, mit dem Purpur inneren Königtumes. Und immer gibt es Dinge, die durch diese Fluten dringen müssen, um ihre Seele zu wecken. Und jedesmal kommt ihre Seele wie in traurigen Wellen gebadet an die Oberfläche, da sie geweckt worden.

Heute ist etwas Interessantes passiert. Wir sind über die Abhänge, die vom Achilleion zu der Bucht von Kanoni hinunter führen, bis an den Strand gekommen. Die Kaiserin wollte, daß der Fährmann, der gewöhnlich die Überfahrt nach der »Mausinsel« (Böcklins Toteninsel) besorgt und sich gerade dem Strand wieder näherte, uns auf seinem Boote nach Kanoni hinüber bringe. Ich frug ihn, was er dafür begehre – eine Gewohnheit von mir, die die Zustimmung der Kaiserin besitzt. Er verlangte zwei Papiertaler. Er hatte nämlich die Kaiserin erkannt, auf die in Korfu jedes Kind mit dem Finger weist: »Die Königin, die Königin!«

Ich sagte, das wäre zu viel, wir würden einen Taler geben. Doch er blieb fest und begann endlich mich mit Schmähungen zu überhäufen: »Du bist der Knicker. Die Königin gönnt den armen Leuten das Brot, du willst das Geld für deine Taschen haben.« Die Kaiserin lachte und sagte:

– Lassen Sie – wir gehen zu Fuß die Küste entlang.

Während wir gingen, trafen wir einen kleinen Fischerjungen, der sich erbot, uns einen trockenen Pfad zu zeigen. Wie wir an Ort und Stelle waren, hieß mich die Kaiserin dem Jungen ein Goldstück geben:

– Gälte es, ein größeres Hindernis zu überwinden, so hätte ich das Zehnfache verausgabt, sagte sie mit dem befriedigten Lächeln inneren Triumphes.

Man sagt, daß die Herrscher den Geldeswert nicht kennen – ich glaube, sie hat dem Gelde jenen Kurswert gegeben, den es einzig und allein haben soll; er hängt von der Intensität ihres Wunsches ab.

– Man sollte alle Sachen nach dem Werte bezahlen, den sie für uns haben. Es gibt nichts Absolutes in unserem Umkreis. Ich würde für ein Buch, das ich gerne haben möchte, oder für eine Blume, die sehr hoch auf einer Hecke steht, mehr ausgeben als für ein Haus.

Heute abends waren es goldene und purpurne Gedanken, die hinter dem Marmor ihrer Stirne sich regten, und sie enthüllte sie nicht. Aber ein Lichtschein rieselte von ihrem schattigen Haar, so daß ich dasselbe nach dem Himmel meiner Seele versetzte, wie jenes der Königin Berenice, das von sichtbaren Sternen am Himmel festgehalten wird.

– Der Wiesenduft kommt bis hier herauf, sagte mir die Kaiserin auf der Hermesterrasse, da können wir nicht mehr lesen ... Dieser Atem der Blumen legt sich merkwürdig schwer auf den Geist. Er ersetzt ihn vollkommen. Wir können dann nicht denken, vielleicht weil wir näher zur Natur treten. Man muß auch schweigen wie die Blumen. Denn ein großer Teil der Schönheit und des Wesens jener unsterblichen Geschöpfe ist, zu schweigen.

So sprach sie, und die Musik ihrer Stimme sang die geheimnisvollen Dinge der Seele.

Die Landleute lockerten um die Olivenbäume herum die Erde, die in Knollen unter ihren Hacken abbröckelte ... Einige weiße Ziegen zupften an den jungen Blättern eines Quittenbaumes, dessen Zweige über eine Hecke tief hinabhingen ... Weiterhin lagen mitten auf der Straße in der Sonne zwei Hunde, die im Staube schliefen und uns mit dem einen Auge anblinzelten. Ein altes Weib mit aufgeschürztem Kleid und einem Messer in der Hand bückte sich auf einer Böschung nach Kräutern ... Fliegen und Mücken tanzten in plötzlichen, ungestüm taumelnden Schwärmen über die weiße Landstraße daher ... Dann kam eine Mauer, hinter welcher eine schwarze Zypresse wie eine dunkle Kerze emporragte, sie war von Efeu umklammert; der Efeu blühte in winzigen, gelblichen Sternen, und schwarze Fruchtbeeren hingen in Trauben dazwischen – hinter der Mauer hörte man das Winseln und Klappern einer eisernen Wassermühle, die ein altes Pferd mit verbundenen Augen zog . . . Ein Bach floß lautlos an uns vorüber in die Felder; er blieb an jedem Winkel stehen, wie um sich umzuschauen, während kleine Blumen von den Ufern herabnickten; blaue Libellen kreisten lautlos darüber, und Mücken mit langen Füßen liefen Schlittschuh auf dem Wasserspiegel . . . Da stand eine Kapelle in der Sonne, kalkgetüncht, mit einem Heiligenbild in roten und blauen Gewändern und goldenem Heiligenschein in der Nische oberhalb der Pforte; die eine Seite der Kirche lag im Schatten: dort saß auf einem Stein ein Greis und schlief; über seinem Kopfe kam eine Eidechse die Mauer herab, mit gerecktem Halse sich umblikkend . . .

– Wie mysteriös sind alle diese einfachen Dinge, sagte ich zur Kaiserin.

– Alle gehen unbewußt, aber sicher einem Ziel zu, erwiderte sie. Wir wähnen unser Ziel selbst zu finden durch den Verstand, während es nur gemeinsam zu erreichen ist – mit allen anderen Wesen zusammen. Wir sollten erst so sein wie die Eidechse oder wie die schlaflose Zypresse, dann würden wir auch die Geheimnisse, die in der Welt sind, erkennen. Unser Ziel ist zugleich der Weg zum Ziel, während wir es darüber hinaus suchen und an ihm achtlos vorübergehen. Sehen Sie, man hält mich für selbstsüchtig, aber ich habe wirklich keine Zeit, an mich zu denken . . .

Die See war still und spiegelglatt. Die Kaiserin stand auf einem in das Meer vorspringenden Felsblock. Ihre Gestalt und auch der große herrliche Ölbaum, der sich mit seinem ganzen Körper von der Böschung des Ufers auf die Wellen hinabbeugte, spiegelten sich darin wider.

– Sehen Sie, sagte die Kaiserin, wie das Laub in den Wellen und die Wellen im Laube leben! Wie in einer Ekstase der Vereinigung, als ob sie die Materie, welche ihnen die Qual der Absonderung bereitet, abgeschüttelt und in der Vereinigung der Essenzen ihres Selbst den wahren Zustand gefunden hätten. So könnte man den Tod und das Leiden ruhig erwarten, denn es wäre ein Ineinanderfließen von verwandten Elementen – ohne Kampf.

– Auch das Bild Euerer Majestät sehe ich darin.

– Ich auch, entgegnete sie lustig, die Spiegel sind alle geduldig. Doch was den Bäumen gegeben ist, fügte sie wieder traurig werdend hinzu, ist mir verwehrt und genommen worden.

– Haben Sie jemals einen Toten gesehen? frug mich die Kaiserin nach einer Weile. Auf allen toten Gesichtern drückt sich Weh und Hohn aus. Es ist der Hohn des Sieges über das Leben, das so weh getan hat.

Dann gingen wir wieder in den Ölhain hinein, wo die schlummernden Dryaden, in ihr Silberhaar gewickelt, uns umatmeten. Eine lange Reihe von Frauen in weißen Gewändern und losen Schleiertüchern, Körbe und Amphoren auf dem Kopfe tragend, schritt langsam zwischen den dunklen Baumstämmen in die goldig verhüllte Ferne: Eleusinien auf heiligen Straßen!

Eine Herde weißer Schafe weidete auf einer blauen Heide. Ruhig lag die Heide, ruhig weideten die Schafe, versunken in die Heide wie in gegenseitiger Anschauung und Durchdringung.

– Wenn wir Schafe wären, dann wäre auch die Herde das Wahre, sagte die Kaiserin letzthin, an ein früheres, in Schönbrunn geführtes Gespräch anknüpfend. Aber wir sind leider weit entfernt von diesem glücklichen Zustand. Deswegen sind unsere Herdengesetze lauter Utopien. Die Schafe leben naturgemäß auf den Weiden. Wenn man sie auf die staubige Landstraße treibt, sind sie erschreckt und verzweifelt wie im Anblick eines Abgrunds. Wir aber befinden uns fortwährend auf einer solchen Straße, die unserem Wesen feindlich ist, mehr noch, in einem Käfig des Schmerzes und der Not, den die Forderungen schmieden, die wir selbst und die anderen an uns als Menschen stellen. Wir müssen zuerst frei sein und einsam, um das zu werden, was die Schafe schon längst und immer sind.

Heute sah ich wieder ihre Gestalt in der regungslosen See sich widerspiegeln. So selbstversändlich ist mir dieses Bild in jenem Element erschienen: das Fließen der Linien in den Fluten, das Versiegen ihres Dunkels in den hellen Wellen, deren Licht in den eigenen Tiefen versiegt! So belebte sich mit jener Gedanke wieder, den ich letzthin hatte, als sie in der Nähe des Brunnens gestanden und dem Gemurmel gelauscht hatte, und dieses Gemurmel lauter und klagender denn jemals geworden war, so daß ich dies nur ihrer Nähe zuschrieb. Ich dachte mir damals: »Sie ist die Königin der fließenden Wasser.« Und heute sage ich mir: »Sie ist noch mehr, sie ist die Königin des Meeres.«

Feigen wucherten auf altem Gemäuer. Zypressen schauten traurig auf das ferne Meer: so traurig sind nicht die Zypressen der Gräber. Die kleinen Inseln um Korfu lagen wie strahlende Edelsteine im Sonnendunst auf der weiten Bläue des Meeres; so musikalisch war die Empfindung, die ihr Anblick hervorrief, daß man meinen könnte, sie sängen aus der Ferne. Und als ob sie meine Gedanken erraten hätte, sagte die Kaiserin:

– Nicht wahr, sie locken und locken, diese Magierinnen, wie die Sirenen des Odysseus?

Segel standen auf der See, einige wie weiße Vögel, die sich mit ausgebreiteten Flügeln auf die Fluten legten und träumend dahinglitten, andere rot und schwarz wie Seelen in Trauer und in Flammen. Ich trug der Kaiserin eine Strophe aus einem Gedicht vor:

Ein rotes Segel zieht übers Meer...
Ein rotes Segel schwimmt auf dem Abendmeer
Auf weichen wiegenden Wogen...
Das Schiff, das Schiff –!
Wie ihm das Segel sich bläht...
Wie es flüchtig entschwebt...
Weh! Nun ist es gar weit –
Kann nimmer zurück...
Der Königin Sonne unzählige Lächeln
Trägt es von dannen
Und alles, was je gewesen...

Als wir unsere Blicke wieder vom Meere abwendeten, umfing uns der unendliche Friede der Landschaft in Blüte.

Die Frösche quaken in den Sümpfen, noch bevor es Abend geworden. Sie quaken ganz aristophanisch, wenn man ihnen aus der Nähe zuhört:

Kōax, Kōax! Brĕkĕkĕkēx!

Aber das Quaken jedes einzelnen fließt in das der anderen hinein. Und so entsteht ein See von solchen Lauten, als ob der Sumpf sich über sich selbst erhöbe und hörbar würde. Der Sumpf übertönt dann alles . . .

Wenn die Frösche schweigen, rauscht das Meer schweratmend herauf.

– Alles klagt, klagt in der Natur, sagte die Kaiserin. Nur die Menschen lachen in einem fort.

Wir verfolgten unseren Spaziergang weiter unter der großen Klage der Frösche; sie hatte aber nichts Schreckliches für uns, sondern war eher wie eine süße Erlösung.

– Alle diese Wesen, sagte die Kaiserin, die sich aus den Ewigkeiten des Lebens nicht entfernen, wissen, daß die Traurigkeit die Existenz in ihren tiefsten Offenbarungen ausmacht. Wir aber werden immer abgelenkt davon. Wir sind wie ausgestoßen aus einem Paradies wegen unserer Nichtigkeiten.

Dann stiegen wir hinab zum Strand, wo die Uferwellen leise schäumten. Wir gingen melancholisch dahin, wie gestern und täglich, am Rand dieser großen Vereinsamung des Meeres, das selbst den Traum eines Segels entbehrte. Die Böschung war mit Mohnblumen bedeckt, die sich geschlossen hatten und in dem blassen Zwielicht des Abends mysteriös dunkelten.

– Wenn man bedenkt, sagte die Kaiserin, daß nach hundert Jahren kein Mensch mehr aus unserer Zeit da sein wird, aber kein einziger – und wahrscheinlich auch kein Königsthron mehr – alles was uns notwendig und dauernd und groß erscheint, wird nur dazu da gewesen sein, um zu jener Zeit nicht zu sein – während diese Mohnblumen hier immer da sein werden, diese selben Wellen immer so einsam rascheln werden ... Wir entfernen uns aus unserer Ewigkeit, weil wir jeder einzeln dastehen, jeder den anderen untergraben wollen und jeder die Welt ganz allein zu verkörpern wähnt, während wir nichts mehr sind als eine Mohnblume oder eine Welle. Nur in der Masse sind wir ewig, wo man den Tod und die Geburt des einzelnen nicht bemerkt.

Der Mond war aufgegangen: der Diskus, der Hyakinthos getötet hatte, rollte hinter den Bergen langsam herauf. Dunkle Blutspuren waren auf seiner schimmernden Fläche zu sehen. Oder war es ein Todesantlitz selbst? Ein bläuliches Feuer strahlte von ihm aus, worin alle Dinge, die es beschien, erstarrten, während im Westen sich noch eine rosenrote Erinnerung aushauchte.

Große Sterne funkelten weit auseinander wie grüne Augen, die sich anblickten, und die Grillen sangen in lauten unerschöpflichen Klagen.

Welche herrliche Nacht, voll der Durchsichtigkeiten einer gläsernen Traumwelt!

Die Kaiserin sagte:

– Ist es Ihnen nicht auch so, als ob die Erde schon gestorben wäre und wir die letzten Menschen darauf wären, die wie mit Glasaugen auf die Landschaft des Mondes blicken, der noch früher gestorben ist? Auf einem Leichnam rollen wir jetzt, von einem anderen Leichnam begleitet, durch den Äther. Die Sterne sind auch lauter schimmernde und ferne Leichen.

Villa Capo d'Istria

Durch einen Orangenhain den Strand entlang stundenlang gewandert. Das Meer lag in der Sonne und war mit Schaum bedeckt. Ohne Atem abzusetzen, heulte es überlaut. Es erstickte nicht nur alle Laute, sondern auch die Gefühle und die Gedanken. Das unaufhörliche Brausen benahm das Gefühl der körperlichen Existenz – man lebte nur in ihm.

Die Kaiserin sagte:

– Dieses große Rauschen des Meeres ist die eigentliche Lebensatmosphäre unserer Seele. Dann erst beginnt sie zu singen.

In der Villa Capo d'Istria – dem alten Familienbesitz des berühmten Grafen Capo d'Istria, des ersten griechischen Regenten – kam uns der Verwalter aus dem verwitterten venetianischen Landhause mit seiner jungen Tochter entgegen. Ein riesiger Magnolienbaum, mit blaßlila Blütenkelchen bedeckt, beschattete den Hof. Zwei Zypressen standen Wache vor einem Fenster, dessen grüne Holzläden verschlossen waren. Der Garten war verwildert, voll der verworrenen Melancholien von Pflanzen, die nun einsam wucherten, nachdem sie gewöhnt waren, daß man sie pflege. Das zum größten Teile unbewohnte Haus, der mit Kieselmosaik belegte Hof und der Garten strömten die unsägliche Poesie der Verlassenheit aus.

Die Kaiserin fragte das Mädchen:

– Wohnen Sie schon lange hier? Es ist sehr schön bei Ihnen.

Das Mädchen erwiderte:

– Gewiß, Herrin, nur ist es viel zu einsam!

– Kommen Sie nicht in die Stadt?

– Ich möchte schon, aber der Vater geht selten hinein, und da hat er immer zu tun. Die Herrschaft kommt jedes zehnte Jahr einmal, und da ist man die ganze Zeit allein mit den Bäumen. Wenn nicht die Nachtigallen wären, müßte man sterben vor Einsamkeit. Die Kaiserin sagte:

– Ah, die Nachtigallen! Die leisten Ihnen Gesellschaft?

– Ja, die kommen alle Abend her und singen die ganze Nacht – zwei sind es: die eine auf der Zypresse, die andere auf der Magnolie. Sie singen so laut, daß man das Meer nicht hört. Anfangs konnte man kein Auge schließen; jetzt könnte ich nicht schlafen, wenn sie nicht singen!

Die Kaiserin aber sagte mit einem Ausdruck wehmütigen Entzückens auf ihrem Antlitz:

– Es ist schade, daß die Nachtigallen nicht auch in meinen Garten kommen, in das Achilleion.

Da fiel es dem Mädchen wie Schuppen von den Augen; sie riß den Mund auf.

– Sie sind die Königin, rief sie mit verhauchender Stimme. – Und ihr Vater stand auch dabei und sperrte die Augen auf. Das junge Mädchen lief rasch und schnitt von einem Orangenbaum, der, obwohl voll goldener

Früchte, wieder schneeig blühte, einen Zweig ab mit mehreren Orangen und Blüten daran. Der Verwalter brachte uns ein Messer, damit wir die Orangen schälen. Die Kaiserin schälte sich selbst eine mit den Fingern – eine purpurne – und der Saft derselben träufelte wie Blut über die weißen Finger zu Boden.

Sie sagte zu dem Mädchen:

– Ich habe noch nie so süße Orangen gegessen, wie Honig sind sie. Ich werde herschicken, um noch mehr davon holen zu lassen, wenn Sie sie hergeben wollen. Ich werde Ihnen dafür etwas anderes schicken, was Sie nicht haben.

Ich sah, wie die Kaiserin die Orange aß, und dachte mir, wie schon so oft, wenn ich sie essen sah: »Sie nährt sich nicht wie andere Leute. Die Bewegungen, die sie dabei ausführt, haben fast mystische Bedeutungen. Sie erscheinen oft unmotiviert für jemand, der das nicht erkannt hat. Wenn sie die Frucht an ihre Lippen bringt, so ist es, als ob sie sowohl als die Frucht sich gegenseitig auflösen würden, als ob sich die Essenzen beider verbinden und einander vervollkommnen würden. Sie ist dann wie ein Kind, das in die Süßigkeit ganz aufgeht. An Schmetterlinge erinnert sie, die sich in den Kelchen berauschen.« Zumal wenn sie ihre Milch trinkt, deren Zubereitung und Verwahrung sie mit einem fast religiösen Zeremoniell vornehmen läßt, wirft sie den Kopf zurück wie unter einem geistigen Raptus oder infolge der Intensität einer seelischen Berührung ...

Die Kaiserin machte mit mir einen Gang durch den verlassenen Garten. Zwischen den Bäumen schimmerte das Meer: ein dunkler Streifen endloser Geheimnisse.

Auch sie ließ die Empfindungen dieser vegetalen Traurigkeit auf sich wirken.

– Es ist so wundervoll hier, sagte sie, daß man eigentlich wünscht, die ganze Welt wäre in Ruinen.

Ich dachte an Burne-Jones' »Liebe unter Ruinen«. Es war dieselbe Stimmung, nur womöglich sensitiver und schmerzhafter. Beim Weggehen gab sie dem Mädchen ein kaiserliches Geschenk. Ich sagte:

– Sie haben sie glücklich gemacht, Majestät!

– Alle Schätze der Welt sind zu gering für die Empfindungen, die ich ihr verdanke.

Wir sind wieder längs dem Strande, des sonnigen Meeres zurückgegangen. Ein spezielles Aroma kam immerwährend von dem Wald, der sich neben dem Meer hinzog. Eine Art Weihrauch, der die Vollendung von heiligen Geheimnissen verhüllte und dabei doch durch seine Duftwolken weithin verkündete.

– Ich erzählte ihr vom Grafen Capo d'Istria und seinem traurigen Schicksal. Sie sagte:

– Ich habe seit jeher eine große Sympathie für diesen Menschen gehabt, weil ihm das Leben so wehe getan hat.* Jetzt ist sie noch größer geworden, nachdem ich seine Villa gesehen. Ich glaube, es ist ein Stück Wahrheit, was wir empfunden haben. Ich kann den Menschen nicht verzeihen, daß sie, obwohl sie sich gewöhnlich in einem falschen Zustand befinden, dennoch dieses Los selbstverständlich finden und mit sich selbst vollkommen zufrieden sind.

* Bekanntlich ist Capo d'Istria einem Attentat zum Opfer gefallen.

Heute sahen wir im Ölwald tanzende Mädchen: sie hielten einander an den Händen – die eine hinter der anderen – und schlängelten sich wie in rituellen Schritten langsam vor- und rückwärts, den Oberkörper dabei leise auf den Hüften nach beiden Seiten wiegend. Ein schönes schwarzzöpfiges Mädchen zog als Vortänzerin die ganze Kette an einem roten Seidentuch nach sich. Die Kopftücher der Mädchen waren gelockert und hoben sich in der Luft, ihre Haarkronen brannten von roten Bändern, ihre Busen sprangen bei jeder wilden Bewegung. Die Vortänzerin sang ein Lied, und jede Strophe davon wiederholten sie alle zusammen:

Ein rotes Tüchlein ich verlor,
Ich trug es an der Brust –
Ein rotes Tüchlein ich verlor – –
(Wie meinem Herzen fror...)

Ich such' es unterm Apfelbaum.
Wo du mich küßtest lang –
Ich such' es unterm Apfelbaum – –
(Ai! war es nur ein Traum?...)

Ich eile hin zur öden See,
Wo ich soviel geweint –
Ich eile hin zur öden See – –
(Warum ist mir so weh?...)

Behalte nur das Tüchlein rot
Gib mir mein Herz zurück –
Behalte nur das Tüchlein rot – –

Wir schauten dem lieblichen Schauspiel lange zu. Auf dem Antlitz der Kaiserin sah ich zum erstenmale das Aufstrahlen eines heimlich freudigen Entzückens, und sie sagte:

– Wir haben auch so getanzt, meine Schwestern und ich, in Possenhofen, obwohl wir keine Griechinnen waren.

Die Bienen summten über den blühenden Brombeerhecken ... Wo wir auch hinkommen, fühle ich ihre frühere Anwesenheit heraus. Sie hat sich überall verstreut, auf alle Wege, die wir gegangen sind, auf jeden Strand, welchen entlang wir geschwiegen haben, über alle Wiesen, die wir mit verhaltenem Atem betraten, um ihre Stille nicht zu verscheuchen, in alle Winde, die vom Meer kommen, über die Wälder gleiten, sich mit deren Düften schwängern und dann in andere Meere verwehen ... Wir mußten eine Hecke überspringen, die den tiefer liegenden Weg verrammelte. Ich wollte sie beim Springen stützen, aber sie lehnte es ab. Ich wollte ihr einen Ast reichen, auf den sie sich stützen konnte, weil ich keinen Stock bei mir hatte, aber sie sagte:

– Es ist nicht nötig. Sie werden sehen, daß ich auch zu einer Seiltänzerin getaugt hätte.

Und sie sprang über die Hecke. Die Bewegungen, die ihr Körper dabei durchmachte, waren erstaunlich, wie Gesten der Schönheit, die über sich selbst sich erhebt: so schwellen die Wellen am Strande und blühen in Schaum auf, sich selbst übertreffend.

Von jeder Wasserquelle, die sie am Wege findet, muß sie doch trinken.

– Es ist immer ein anderer Geschmack, meint sie, und sie trinkt mit Vorliebe aus der hohlen Hand, obwohl sie immer ihren goldenen Becher mit sich führt.

Sie will direkt aus dem Schoß der Natur jene Elemente schöpfen, die sie zu ihrer körperlichen Erhaltung, ja eigentlich weniger für ihre körperliche Erhaltung als für die Aufrechthaltung der Verbindungen mit dem mütterlichen Allwesen, braucht. Keine Barriere will sie dulden und sieht in allen Menschen, die bei derartigen Mysterien dazwischentreten wollen, Freinde.

Als wir heute den Berg der »Aja Kyriaki« erstiegen, auf dessen Spitze die einsame kleine Kirche steht, umringt von Zypressen (die anscheinend den Berg heraufgekommen sind, nur um in der Nähe des Himmels deren Einsamkeit zu umseufzen), sagte die Kaiserin:

– Als ich das erstemal in Korfu war, habe ich die Villa Braila oft besucht; sie war herrlich, weil sie ganz verlassen war inmitten ihrer großen Bäume. Das hat mich so zu ihr hingezogen, daß ich aus ihr das Achilleion gemacht habe. Ich habe aber die alte Wehmut zerstört. Eigentlich bereue ich es jetzt. Unsere Träume sind immer schöner, wenn wir sie nicht verwirklichen. Auch wegen der Nachbarschaft mit »Aja Kyriaki« hatte ich so sehr gewünscht, dort zu wohnen. Ich will nämlich, daß man mich hier begrabe, wenn ich nicht einmal im Meere ertrinken sollte. Auch meine Schwestern glauben dies immer von sich. Hier werde ich über mir nur die Sterne haben, und die Zypressen werden genügend seufzen um mich, mehr als die Menschen je tun möchten: in ihren Klagen werde ich ewiger leben als im Gedächtnis meiner Untertanen.

Bei den Zypressen ist das Traurigsein und das Klagen Lebensfunktion wie bei den Menschen das böse Gerede und die Verleumdungen.

Dann heiterte sich ihr Blick auf, und sie fügte hinzu:

– Zum erstenmale kam ich ganz allein hier herauf. Meine Hofdame war eine junge schöne Dame, und ich wollte sie nicht ermüden. Sie fürchtete sich auch so sehr vor der Sonne wegen ihres Teints.

– Majestät waren also damals schon so unerschrocken, sagte ich.

– Damals noch mehr! Warum sollte ich mich fürchten? Wo es doch keine Menschen gibt! Und die man trifft sich alle so kultiviert! Ich bemerkte später, daß der englische Gouverneur mir einige Gendarmen hatte nachfolgen lassen und schickte sie sofort wieder zurück. Ich gehe sowieso immer auf die Suche nach meinem Schicksal. Ich weiß, daß mich nichts davon abhalten kann, es an jenem Tage zu treffen, an dem ich es treffen muß. Alle Menschen müssen sich zu einer gewissen Zeit auf den Weg machen, ihrem Schicksal entgegen. Das Schicksal macht lange die Augen zu, aber einmal erblickt es uns doch. Jene Schritte, die man unterlassen soll, um ihm nicht zu verfallen, gerade die geschehen dann. Und ich tue diese Schritte seit jeher.

Nach einigen Sekunden sagte sie weiter:

– Was wäre, wenn ich einmal ertrinken würde; die Leute würden sagen: »Warum ist sie auf die See gegangen, im Winter, als Kaiserin noch dazu, anstatt in der Hofburg zu bleiben?« Doch vielleicht kommt es noch überraschender, selbst für eine Kaiserin. Das Schicksal gibt manchmal Ohrfeigen den Gewißheiten und dem

Dünkel der Menschen. Es ist oft wie der Kyklope, der den Odysseus ganz besonders ehrenvoll verschlingen wollte – ein Poem aus seinem Verschlingen machen möchte. So etwas würde mich für vieles entschädigen.

– Jeden Tag eine neue Wiese, schöner als die bisher gesehenen, sagte mir die Kaiserin. Es ist etwas Wunderbares, Unaussprechliches, wie ein Rausch von Einsamkeit und von Schweigen, den ich jedesmal aus diesen Blumenwiesen in mein Dunkel und in das gewöhnliche Geschrei des Lebens mit hereinnehme.

So überrascht sie die Geheimnisse der Natur und offenbart dann dieselben unbewußt in ihrem Wesen.

Auf dem Rückweg machte ich die Kaiserin auf die kleinen wilden Steinnelken aufmerksam, deren wir so viele trafen und die sich immer wie große Gartennelken gebärdeten, und auch auf die Hummeln, die sich unersättlich an die Blumenherzen klammerten oder sich gegenseitig eifersüchtig verfolgten. Ich dachte sie damit zu erheitern. Aber sie sagte:

– Wenn man unsere menschlichen Beziehungen auf solche ewige Dinge, wie es die Blumen oder die Hummeln sind, überträgt, sieht man, wie lächerlich unser Menschentum ist. Und wir vervollkommnen uns ja immer mehr in dieser Richtung!...

Wir gingen wieder längere Zeit am Strande. Das Meer war einsam, ohne ein Segel. Es rauschte auch nicht. Auch die Berge blickten nicht herüber, denn ein leichter Dunstschleier hatte sie verhüllt. Die Sonne war schon untergegangen, und man ahnte, mehr als man sah, den herrlichen Tod, den sie hinter dem düsteren Schleier erlitt... Ich fühle immer eine innere Beziehung zwischen der Kaiserin und der sterbenden Sonne. Wenn die letzten Strahlen auf den Wipfeln der Zypressen sich verspäten, muß ich immer zu ihr aufblicken. – Die Kaiserin sagte dann:

– Es ist schon spät; es wird bald Ihre Dinerstunde sein. Ich kann auch allein und ohne zu essen bleiben.

– Danke, Majestät, ich bin auch nicht hungrig.

– Ja, sagte sie, die Einsamkeit ist eine starke Nahrung.

Wir standen auf der Terrasse, nachdem die Sonne untergegangen.

– Sehen Sie, sagte die Kaiserin, auf die albanesischen Berge zeigend, jener dunkle Bergzug ist das Leben, das in die Ferne geht und niemals endet.

Wir sprachen von den Nibelungen Richard Wagners.

– Ich halte ihn für einen Erlöser, sagte die Kaiserin. Er ist nichts anderes als die musikalische Inkarnation einer Erkenntnis von unseren inneren Geheimnissen, die in uns unbewußt zur Reife gekommen. Das Wort »Tondichter« besagt, nach meiner Meinung, nur die äußere wahrnehmbare Form seiner Offenbarung, nicht aber das, was er selbst war. Er war eben einzig und allein jene Mysterien unserer Existenz, die erlösendes Wissen geworden sind.

Dann sagte sie, die Regungen ihrer Gedanken (ohne vielleicht davon zu wissen und es zu wollen) in Laute verflüssigend:

– Wir sollen die Musik aller Dinge in uns aufnehmen, in uns zu einer Einheit verschmelzen. Wir sollen uns über das Herz der Erde beugen und seinem Pochen lauschen.

Dort fließen wie in ein Muschelbecken die großen Harmonien zusammen: alle Sonnenstrahlen, die nie erloschen, und die Träume, die noch nicht geboren sind, die Freuden der Blumen, die Schwermut der Herbste, die Sehnsuchten der Flüsse in die Ferne und das Schweigen der Wolken. Wir sollen zurückkehren, fügte sie hinzu, dorthin, von wo wir gekommen sind, in den Urton des Rheines, aus dem das Rheingoldlied geboren wurde. Auf diese Weise werden wir als Sieger über uns selbst siegen. Was wir erst mit Hilfe des Todes tun können, sollten wir ganz allein und schon im Leben vollbringen.

So erschuf sie sich selbst – vor meinen Augen – durch die leisen Regungen ihrer Seele, das ideale und wahre Bild ihres Wesens.

Sie hat die Schlüssel des Lebens aus ihrem Heimweh herausgefunden und lebt nun parallel mit dem Weltall, dessen Geheimnisse und Kräfte ihr Inneres verschließt. Sie ist Natur selbst in der Natur; sie ist der Sinn der Natur und ihre Gesetze. Die Blumen haben nach gar nichts zu fragen, weil sie nichts wissen. Sie tut dasselbe, weil sie alles weiß. Alles, was je bestanden, was je erdacht und gewußt worden, zerfällt von der Ewigkeit ihrer Wahrheiten und der Wucht ihrer Gewißheiten zurück in das Nichts. Die Materie überwand sie durch ihr inneres Strahlen. Die Fesseln ihrer Seele brach sie, indem sie sich aus der Hürde der Menschlichkeiten entfernte, ihre Zusammengehörigkeit zu der geselligen Herde verleugnete. In lauter Schönheitslinien löste sie ihre äußere greifbare Form auf, indem sie den Umrissen der Berge sich anschmiegte, dem Meer sich hingab, in die Ruhe der Heide sich versenkte. Aber ihre Träume, ihre Sehnsuchten und

Gewißheiten ließ sie gleich einem kosmischen Impuls die Welten ihrer Seele bewegen – und wurde so die ewig Wandernde auf Wegen, die alle Vergangenheiten, alle Gegenwart und alle Zukunft einschließen. Sie ist die Seele der kommenden Menschen, die durch Erkenntnis in die Kind-Existenzen zurückkehren werden.

Ich lege mir oft Mühe auf, nicht laut aufzujauchzen, so reich macht sie mich durch die Geschenke ihres seelischen Anblicks.

Sie lehrte mich das Bild meiner selbst in mir erkennen und der Musik meiner Gedanken zu lauschen. Sie gab mir ihre Demut und alle ihre Verachtungen.

Ich habe mit ihren Augen die Schönheit, die im Leben verborgen liegt, erschaut. Sie hat mir die Geheimnisse gezeigt, die in den Bergen und in den Wellen liegen, die inneren Verbindungen zwischen Menschen und Rosen und Träumen empfinden lassen. Die Unendlichkeit des Ozeans hat sie meiner Seele erschlossen, die Bläue des Himmels hat sie meinen Träumen geliehen, die Gesänge der Föhren hat sie meinen Worten eingeflößt. Ihr verdanke ich zu sein, was ich bin – und was ich je gedacht habe, hat nur ihr gegolten, ist zu ihr wie zu dem Urquell zurückgeflossen. Es ist genug des Glückes, gelebt zu haben, um das zu gewinnen, was sie mir gewesen. Morgen ist der Tag meiner Abreise zu meinen Eltern. Das Datum war schon bei meiner Berufung festgesetzt worden.

Selbstverständlich ist mein Kommen, mein Hiersein und mein Gehen für »Sie« nur eine Episode: »Der Wechsel ist der Reiz des Lebens!« Auch die schöne Pinie in Miramare machte sich nichts daraus, daß in ihren Wipfeln die Sperlinge stritten. Aber für mich ist diese »Episode« das Leben selbst gewesen. Und – ich weiß nicht, was das darauf folgende sein wird – –

Ich pflückte heute Krokusblüten und Anemonen wie träumend, zum letztenmale an ihrer Seite, auf einer jener Wiesen, die sie mir so märchenhaft gemacht hatte.

– Sehen Sie sich das Land an, sagte sie mir, mit all der Sehkraft Ihrer Augen, denn Sie werden es vielleicht niemals mehr so sehen.

Und ich trank den Frühling und berauschte mich an ihm, als sollte es der letzte sein, oder als sollten die künftigen Frühlinge meines Lebens nur in seiner Erinnerung blühen . . .

Im Peristyl nahm ich von ihr Abschied. Es war zehn Uhr abends. Sie hatte mich ausnahmsweise zu so später Stunde noch rufen lassen, damit ich mich verabschiede, denn der Dampfer nach Patras fuhr am nächsten Morgen sehr früh ab, so daß ich sie nicht mehr gesehen haben würde. Meine Seele war schwer wie eine Wolke. Und eine Wolke von Wehmut hob sich in mir auf und hüllte mich ganz ein, als ich ihre schwarze Gestalt im blauen Licht der Tritonenampeln zwischen den weißen Säulen des Peristyls gleiten sah, wie ich sie nie mehr sehen sollte. Ich sprach kein Wort, um nicht etwas in mir zu verscheuchen und die Lust an meinem eigenen Schmerz zu verlängern. Sie aber sprach mehr als gewöhnlich, mit einer Stimme, wie ich sie noch niemals so lieblich und traurig von ihr gehört zu haben glaube. Aber ich weiß nicht, was sie mir sagte; ich weiß nur noch, daß meine Tränen auf ihre Hand fielen, als sie mir dieselbe zum Kuß reichte.

Sie drückte mir ein rotes Samtetui in die Hand und flüsterte mir dabei zu:

– Seien Sie gesegnet und glücklich!

Ich hörte diese Worte ganz deutlich, aber ich verstand sie erst später, nachdem ich mich entfernt hatte. Im Donner meines Blutes, der meine Schritte übertönte, ging ich die Marmorstufen der Göttertreppe hinab und begab mich in mein Zimmer. Dort gewahrte ich das Etui in meiner Hand – sonst würde ich an die Wirklichkeit dieser Stunde nicht geglaubt haben. Ich öffnete es: eine Busennadel, ein in Brillanten gefaßtes und gekröntes griechisches E, befand sich darin. Die Steine sprühten rote Tränen im elektrischen Licht, das mein Zimmer beleuchtete. Ich erinnerte mich da, daß ihre Augen mich lange und wie verschleiert angeblickt hatten, als ich mich noch zum letztenmale auf der ersten Treppenstufe mechanisch verbeugte, ohne zu wissen, was ich tat. Dann ging ich aus meinem Zimmer und aus dem Schloß auf die Straße hinaus: ich begann die gegenüberliegende steile Anhöhe zu erklettern. Die Landschaft kam mir unbekannt und verworren vor; ich hörte meine Schritte wie aus der Ferne, und mir war es, als ob meine Trauer außer mir sich befand und wie ein Schatten neben mir herging.

Ich erwachte in der Nacht, ehe noch der Morgen zu grauen begonnen, und erblickte die brennende Kerze neben meinem Kopfkissen, die ich auszulöschen vergessen hatte: sie wartete – die ganze Nacht schien sie gewartet zu haben, daß ich erwache, als ob sie meine wache Wehmut symbolisieren würde, die sich während meines Schlafes weiter allein verzehrt hatte. Und mein Herz schnürte sich da in unsäglicher Trauer zusammen – –

Und dann fuhr mein Schiff am Strand von Benizze vorüber. Oben auf dem Gipfel des Abhanges stand das weiße Schloß in den Bäumen, wie irgendein fremdes Gebäude, das ausschließlich für sich leben wollte. Und die kleinen Wellen, die immer wieder auf den Strand sich warfen, als könnten sie sich von ihm nicht trennen, waren so eilig, daß sie gar nicht nach mir sich umwendeten . . .

Anhang

Dort auf dem Landungssteg, durchbohrt von der spitzen Feile, die Kaiserin Elisabeth, Symbol der ältesten europäischen Monarchie, die von ruchloser Hand sterben mußte. Der elende Lucheni brannte darauf, *von sich reden zu machen*, jemand Prominenten zu töten; doch es war die lange, vagabundierende Melancholie der Elisabeth von Wittelsbach, die in den mysteriösen Dialogen der Seelen diesen verrückten Piemontesen nach Genf gerufen und ihn zu ihrem Mörder erwählt hat. Danach wurde auch die italienische Regierung zu einem Lucheni. (Hat vielleicht Wien selbst, todessüchtig, ihn gerufen?) *Guido Ceronetti*

»Wie der Pontius zum Credo, / kam ich ins Familienjoch«: Elisabeth und Franz Joseph inmitten von Kindern und Enkelkindern, um 1880

Ludwig Klages
Der Mysterienforscher Alfred Schuler und die Kaiserin

Während Nietzsche wie so vielen freilich auch Schuler Gedankenwege zu neuem Leben gebahnt hatte, so schien doch dieses selbst, wenn auch minder wissensstark, andern Gestalten der Zeitenwende reiner und voller zuteil geworden. Nicht freilich dürfen wir dabei an feuchteschwere Erscheinungen der Spätromantik denken, die dem Römertum Schulers fremd blieb, sondern wir müssen denken an *Kaiserin Elisabeth von Österreich*, in der er kaum Geringeres als das lebende Gefäß unvermischt kosmischer Feuer zu erkennen geneigt war. Überdies im Innersten einsam wie er, verfinstert von bösen Erfahrungen wie er, immer bewußter und entschiedener von der Gegenwart sich lossagend wie er, aber Kaiserin und als solche über Schätze verfügend, die sich in Machtmittel auswerten ließen, stand sie vor seinem inneren Auge als letzter Stern – Stern nicht nur in symbolischer Bedeutung, sondern Stern auch seiner Hoffnung. – Nach einigen nicht geschickt von ihm eingeleiteten Versuchen, Zugang zu ihr zu gewinnen durch ihm gewogene Personen des bayerischen Hofes, entschloß er sich, ihr ohne Vermittlung zu nahen, vertrauend auf das einzigartig kostbare Geschenk, das seinem Bittgesuch um Gewährung einer Audienz Gewicht geben sollte. Worin bestand das Geschenk, das selbst unter den Merkwürdigkeiten des Britischen Museums seinen Platz zu behaupten vermöchte?

Man stelle sich vor 21 Tafeln aus dünner, aber sehr harter Pappe von 20 cm Länge und stark 10 cm Breite, beidseitig mit leuchtendem Cochenillerot überzogen und an den Rändern vergoldet; auf der jeweils rechten Seite beschriftet mit Schulerisch abgewandelter Antiqua in Gold (enggeführte Zeilen unter größer angelegtem Seitenkopf); die erste Tafel, die allein auf der Innenseite ebenfalls Beschriftung aufweist, sowie die letzte außen wunderbar zart vergoldet und durch eingeritzen Bildschmuck von tiefster Symbolik und ergreifender Schönheit betont; an den linken Rändern alle Tafeln viermal durchbohrt, um Durchlässe zu schaffen für je zwei gedrehte, abermals vergoldete Kordeln, die, außen vielfältig verschlungen und mit geschliffenen Steinen geziert, die Tafeln zusammenhalten – und man hat das TABULARIUM, von dem die Beschreibung freilich nur den Begriff, nicht die unvergleichliche Erscheinung vermitteln kann. Es ist eingesenkt in ein knapp es umspannendes Kästchen von der Farbe patinierten Kupfers, dessen Vorderseite – an den Rändern von reich ornamentierten Goldstreifen, knapp 1 cm breit, umrahmt – inmitten auf kreisförmigem Goldgrund von 7 cm Durchmesser einen geflügelten, im Zodiakus laufenden Eros zeigt, der in der erhobenen Rechten die Granatblüte, in der gesenkten Linken die Leiter trägt, mit der Inschrift ΚΟΣΜΟΓΟΝΟΣ ΠΑΝΤΑ ΠΟΙΕΙ. Dieses Wunderwerk enthält die von Schuler als die würdigsten befundenen seiner »Fragmente«, darunter einige der schwierigsten, um nicht zu sagen am wenigsten verständlichen, die in den Nachlaß aufzunehmen ich Bedenken getragen hätte, wäre es nicht durch das Tabularium vorgeschrieben gewesen. – Anderthalb Jahre lang hat er am Tabularium gearbeitet. Die Beschriftung rührt ausschließlich von seiner Hand her; auch die Ornamentik und der figürliche Schmuck wurden bis ins einzelne von ihm entworfen, wenn er auch bei der Ausführung die Hilfe eines ihm befreundeten Malers nicht entbehren konnte. Der karge Rest seines »Vermögens« hat sich dabei verflüchtigt. – Sucht sich der Leser aus den »Fragmenten« heraus, was ihm an offenbarender Vollkommenheit alles andre zu verdunkeln scheint, so darf er gewiß sein, daß es *nicht* verdunkeln würde die künstlerische Vollkommenheit des Tabulariums!

Geboren in vergoldeter Kapsel voll eingeritzter Bilder von unvergleichlicher Schönheit, war dem Tabularium beigegeben eine prachtvoll beschriftete Pergamentrolle mit dem begründeten Bittgesuch. Mehr, als es meine Worte vermöchten, werden dem Leser Schulers eigene Worte seine Verlassenheitsstimmung und die leidenschaftliche Heftigkeit eindrucksvoll machen, mit der er nach der Hand der Kaiserin zu greifen sich getrieben fühlte. Deshalb gebe ich hier aus der demütig-stolzen Bittschrift einen Auszug:

»Im Erleben verstümmelt, ausgeschlossen von Niederschlägen in Wort oder Bild, ohne Mittel, auch nur meine Talente zu entwickeln, sah ich an allen Wänden, in allem Blattwerk, in allen Reizen und Verführungen des Lebendigen meine Seligkeiten verzucken und das nach den Wurzeln flüchtende Leben von Schlinge und Würger verfolgt. Hülfesuchend kreiste ich den Blick. Überall dieselbe ... Haßkruste um diesen gesamten Ball. Kadaver eines alten erloschnen Swastika in äußerster Zersetzung. Und wo – selten genug – ein Auge Gold und Schwangerschaft die Rinde riß, da sah ich auch ... die sichere Katastrophe –

Jahre liege ich in der Wandgruft eines verlassenen Stollens. Mein Abgrund neben mir. Zerrissene Laute, rätselhaft aus verschiedenen Fernen laufend, schlagen das Ohr meiner Seele. Unter ihnen, die ich für Stimmen des Lebens halte, diese klarste, an Funken reichste, heftiger, hastender, schließlich einem schrillen Signale gleich: »Porphyrogenetos, flehe die Kaiserin um Hülfe. Um das einzige Geschenk unter Leuchtenden: Werdefreiheit. Lichtauge meiner Verjüngung, suche Schutz beim höchsten deiner Symbole. Einziges gehört Einzigen. Siehe eine Flamme in Purpur. Eine brennende Lampe über den schwarzen Gewässern. Erkennt sie dich nicht, lösche lautlos. Keiner ist mehr, noch ist keiner der Sichtbaren, der dir Hafen sein dürfte und sichere Ara. Mein erstes Kupfer bist du, zwischen Grauen und Nacht gestreut. Beweis bist du meiner noch verborgenen Sonne, die Kind und kochend schon zu neuen Horizonten flammt.«

Mit meinen einsamsten Kostbarkeiten nahte ich IHRER MAJESTÄT in der Einsamkeit der Dolomiten ... Die Ehrfurcht vor IHREN Befehlen löste mich lautlos aus jener Felsenkrone*. Nunmehr von diesem Wege her flüchtend, suche ich die Rätsel meiner Urne zu IHREN Füßen zu bergen: Meine Kaaba. Mein Innerstes. Wieviel des köstlichen Saftes sie noch enthält, wieviel gierige Vampyre verschlürft, weiß ich nicht ... Nichts liegt an meiner Person; am Element, am Leben alles, von dem ich Teil bin oder war. Und kniend vor dieser Sella fühle ich

* Das bezieht sich auf einen früheren, mißlungenen Annäherungsversuch.

kaum Verantwortung für das Ungeheuere meines Unterfangens. Es sind die entrücktesten, unbekanntesten Augenblicke, aus denen das Leben Zukunft herausspinnt – Geruhen IHRE MAJESTÄT, den Künftigsten eine Welt zu hinterlassen, noch in dieser Verstümmlung, wie ich fühle, eine kaiserliche Gabe – Dieser Augenblick, zu dem ich jede Stunde und an jedem Orte in Demut bereit stehe, dürfte unter die höchsten Werte fallen, die das Leben überhaupt zu verrechnen hat.«

Diesmal war alles bis ins letzte vorbereitet. Schuler hatte sich genau unterrichtet, wann die Kaiserin aus der Schweiz, wo sie eben verweilte, in ihrem Possenhofener Schloß am Starnbergersee eintreffen werde und zu welchen Tagesstunden sie mit einer ihrer Damen spazierenzugehen pflege. Er stand im Begriff, die kurze Reise anzutreten – da kam zwei oder drei Tage vor dem in Aussicht genommenen die Nachricht von ihrer Ermordung am 10. September 1898 in Genf. Die Wirkung auf ihn war furchtbar. Er sah in Luchenis Schandtat bestellte Arbeit; sah im verhüllten Hintergrunde jesuitische und geheimbündlerische Anstifter am Werk; sah mehr als nur Zufall im Zusammentreffen des gewaltsamen Todes der Kaiserin mit dem Niedersausen des Fallbeils auf *sein* Vorhaben, sah das Netz des Verderbens unentrinnbar von allen Seiten geflochten und verfiel in dumpfe Verdüsterung. Wen wollte es wundernehmen! Ja, wie inzwischen Schritt für Schritt vieles als zutreffend sich erwiesen hat, was Jahre um Jahre nur *seinem* Tiefblick offenlag, so vermochte die Genfer Gerichtsverhandlung trotz bestem Willen der Untersuchungsleiter einwandfrei *nicht* zu klären, ob es eigene Wahl oder Weisung war, was der Eisenfeile des herostratischen Mordgesellen das Ziel bestimmte. – Ich tat, was ich vermochte, um Schuler aufzurichten, und wir hören alsbald, was sich weiterhin begeben hat. Zuvor möchte ich diesen Abschnitt nicht beschließen ohne eine zwar erläßliche, aber den Schlußabschnitt um einiges entlastende Betrachtung des Wesens der Kaiserin.

Ehe ich begründe, weshalb Schuler mit seinem Inbild dieser Seelenleuchte bestimmt *nicht* irrte, spreche ich es als meine Überzeugung aus, daß die Begegnung, hätte sie stattgefunden, ohne Folgen für ihn geblieben wäre. Aus dem wiedergegebenen Text der Pergamentrolle geht zwar hervor, daß Schuler damit als einer Möglichkeit rechnete; mir aber war es gewiß. Essenz und Zeitseele durchkreuzen einander. Jene bleibt darum, was sie ist; aber das Wissen hängt *auch* von dieser ab. Als Träger lauterster Essenz war nun allerdings Elisabeth ein seltenster Ausnahmefall; allein ihr Geist, obschon wieder und wieder in Abgründe blitzend, steht noch nicht ganz im Wissensringe der neunziger Jahre. Schuler war 1865, die Kaiserin 1837 geboren; gehörte also zur Generation seiner Eltern. Wieweit immer sie dem Zeitalter ihrer Lebensmitte voraus war, hätte sie die *Form* verstanden, in der die Essenz ihr geboten wurde durch Schulers »Fragmente«? Ich glaube es nicht. – Dazu aber kommt, daß die damals Sechzigjährige, schwergeprüft und rastlos umgetrieben, mit dem Leben abgeschlossen hatte. Vernehmen wir, daß sie im Todesjahr zu ihrer geliebten Tochter Valerie äußert: »Weiß du, die beiden Worte ›hoffen‹ und ›sich freuen‹ habe ich für immer aus meinem Leben gestrichen«, so zweifeln wir nicht mehr an der Endgültigkeit des Verzichtes; und hören wir gar, daß sie ausspricht: »Ich ersehne den Tod; ich fürchte ihn nicht, denn das will ich nicht glauben, daß es eine Macht gibt, die so grausam wäre, nie genug zu haben mit den Leiden des Lebens, sondern auch noch die Seele herausreißen würde aus dem Körper, um sie weiter zu foltern«, so mutet es uns wie die Ahnung des nahe bevorstehenden Endes an. – Doch wozu grübeln über nie mehr zu Entscheidendes! Wichtiger ist, daß Schuler aus Merkzeichen, die *vor* ihrem Tode außer ihm niemanden deutbar waren, zu erkennen vermocht hatte, was *nach* ihrem Tode durch mehr als *ein* unanfechtbares Datum kundgeworden.

Blicken wir auf ihr Leben zurück, wie es jetzt aus zuverlässigen Schilderungen zugänglich ist, und lassen wir einmal alles Nurpersönliche beiseite, das sich zusammensetzt aus ihrem Charakter, ihrer Schönheit, ihrer königlichen Haltung, der Verehrung der wenigen, die mit ihr länger in persönliche Fühlung kamen, und einer Kette schwerster Schicksalsschläge, so bleibt, was nur mit dem Namen der antiken *Amazone* zu kennzeichnen wäre. Spricht das allein schon für die Wahrheit des Schulerschen Bildes von ihr, so wird uns vollends die unmittelbare Bestätigung aus den wörtlichen Aussprüchen, die uns von ihr die Folge der Tagebuchblätter des Christomanos aufbewahrt hat, deren Echtheit gewährleistet ist durch die Verschiedenheit der Ausdrucksweise von der sympathisch überschwänglichen des Berichterstatters. Sehen wir von solchen Aussprüchen ab, die sich auf Alltägliches beziehen, so bleiben ihrer rund hundertunddreißig. Bei wechselnden Gelegenheiten, auf Bergen, im Achilleion, auf dem Meere getan, atmen sie alle dieselbe

Seele, denselben Geist, und so vollkommen ist der Zusammenklang, daß, wird ein Thema von neuem berührt, die Sätze mit den früheren unschwer zum Gesamttext könnten verbunden werden. Durch alle geht hindurch die den Zeitgenossen fremd gewordene Schicksalsgewißheit des Altertums; die Geringschätzung des eigenmächtigen Wollens, das, gemessen an jener, zur Selbsttäuschung wird; die Sehnsucht nach Verschmelzung mit den Elementen, gemischt aus dem Weh des Getrenntseins und der Seligkeit des Verbundenseins in Augenblicken der Vollendung: die ironische Bewertung des bloßen Verstandes; endlich Schönheitsdurst, Verhängnisbereitschaft und Trauer.

Maurice Barrès
Eine Kaiserin der Einsamkeit

Diese Kaiserin, die bis zu ihrem Tode durch das ständige Sichentziehen, durch den stets vorgehaltenen Fächer und das listige Hintergehen der anderen das Meisterwerk, das sie sich selber geschaffen, hat verbergen können, endlich können wir sie betrachten! Zwar nicht unmittelbar, aber wenigstens doch so, wie sie sich im Gedächtnis eines junge Poeten widerspiegelt, den das eigene Temperament und die äußeren Umstände in besonderer Weise für die Schönheit empfänglich werden ließen.

Constantin Christomanos meint mit Recht, daß die lyrische Analyse einer Königin, die kein anderes Königreich erstrebte als das ihrer Seele, die einzig darum bemüht war, sich selber zu veredeln und ihre Träumereien zu entgrenzen, daß diese Analyse einen sehr reichhaltigen, poetischen Beitrag zum Verständnis des Ich-Kultes leisten könnte.

Die junge Kaiserin Elisabeth von Österreich entzückte ihre Völkerschaften und die gesamte hohe europäische Gesellschaft. Wie hinreißend aber auch immer ihre früheste Schönheit gewesen sein mag, wir ziehen diejenige vor, die die Verletzungen des Lebens ihr einbrachten.

Allein schon der Name der Kaiserin Elisabeth bewirkt, daß der phantasievolle Leser im Geiste eine verworrene Zusammenballung von Schrecken vorüberziehen sieht, die einen schwankenden Thron umzingeln! Ihre Schwester, die Herzogin Sophie von Alençon, verbrannte während des »Bazar de la Charité« in Paris; eine andere

Schwester verlor auf heroische Weise ihr Königreich; ihr Schwager, Kaiser Maximilian I., wurde am 19. Juni 1867 in Queretano erschossen; ihre Schwägerin, die Kaiserin Charlotte, verlor vor Kummer den Verstand; ihr Lieblingsvetter, König Ludwig II. von Bayern, ertrank im Starnberger See am 13. Juni 1886; ihr Schwager, Graf Ludwig von Trani, nahm sich in Zürich das Leben; der Erzherzog Giovanni von Toscana verzichtete auf seine Würden und ging im Meer unter; der Erzherzog Wilhelm stürzte tödlich vom Pferd; ihre Nichte, die Erzherzogin Mathilde, verbrannte; der Erzherzog Ladislas, Sohn des Erzherzogs Joseph, kam bei einer Jagd ums Leben; ihr eigener Sohn schließlich, der Kronprinz Rudolf, verübte am 30. Januar 1889 in Mayerling Selbstmord oder wurde ermordet. So kommen bei dieser Nachfahrin der Wittelsbacher die äußeren Umstände zu der natürlichen Veranlagung hinzu. Der Tod verlieh schließlich ihrer Seele, die erbittertste Schicksalsschläge wie einen selten kostbaren Urstoff behauen hatten, einen letzten, erhabenen Nimbus. Christomanos erzählt uns nicht die Leidensgeschichte der Kaiserin. Zweifelsohne wäre es interessant, die grausamen Entwicklungsabschnitte ihrer Schönheit näher zu ergründen, wie auch jene allmähliche Veränderung, die sie lebend in die Einsamkeit trieb und tot aus der gewöhnlichen Schar der Schatten heraushebt.

In allen ihren Schlössern hatte die Kaiserin eine Abbildung Titanias anbringen lassen, die einen Eselskopf streichelt. »Das ist der Eselskopf unserer Illusionen, den wir ohne Unterlaß streicheln«, sagte sie. Gewöhnlich verstehen wir das Leben an Hand der Grundbegriffe, die es uns selber vermittelt, und dank der seelischen Veranlagung, die wir von unseren Vorfahren geerbt haben. Ein unsagbar luxuriöses Dasein, eine aus Seichtheit oder Diplomatie unverfroren heimtückische Gesellschaft lösen in einem hochsensiblen Wesen Bedürfnisse und Traurigkeiten aus, die der sich abarbeitenden Menge glücklicherweise erspart bleiben.

Überdruß und Verachtung, das sind, sieht man vom poetischen Zauber ab, die zwei Merkmale, die zunächst bei der Kaiserin wahrgenommen werden. Nur das Eine liebte sie, was sich nicht finden läßt: das Reine, Einfache, die jedes Künstlichen bare Natur. Dieses Bedürfnis, von dem sie selber wußte, daß sie es nicht befriedigen konnte, bestimmte all ihre Ansichten. Ihre so kerngesunden Anschauungen, an denen die Übereinstimmung von Instinkt und einsichtigem Wissen greifbar wird, ließen sie Pedanten gegenüber verächtlich werden.

Die grellen Töne, die nervösen Zustände, die sie bei Heine so sehr schätzte und die letztlich mephistophelische Ausbrüche sind, waren ihr durchaus vertraut. Es war eine Art von Verzweiflung, in der Demut und Stolz miteinander im Kampf liegen – sie rührt von einer hochmütigen Natur her, die sogar die Grundbefindlichkeit des Menschen verspottet. Nach so Hohem trachten und so Niedriges vorfinden! Eines Tages in Miramare, als Elisabeth den Pavillon betrachtete, in dem ihre Verwandte, die Kaiserin Charlotte, nach ihrer Rückkehr aus Mexiko ihren Wahnsinn verbarg, murmelte sie ganz in Gedanken versponnen: »Ein Abgrund von dreißig Jahren voller Schrecken! Und man sagt, daß sie so dick geworden sei!« Solcher Hohn und in so einer Situation verletzte die Pietät einfacher Menschen. Aber glaubt der Leser nicht, daß sich ähnliche Zustände beim Philosophen finden lassen? Von den erhabendsten Urbildern der Würde hingerissen, weilt er in dieser Welt, deren Betrug er durchschaut. Er wird hart und verbittert und schließlich dahin geführt, die Dinge unter einem unmoralischen Blickwinkel zu betrachten, da er sie von einem Punkt aus sieht, an den nur wenige Menschen gelangen. Die Kaiserin Elisabeth suchte immer, aus dem Leben auszubrechen, sich weder von den Dingen noch von den Menschen in Besitz nehmen zu lassen.

Es ist bekannt, daß sie einen Fächer, einen Schirm ständig geöffnet vor dem eigenen Gesicht hielt, um sich den Blicken der anderen zu entziehen. Diese schienen sie wirklich zu quälen. Sie beraubten sie sozusagen ihrer selbst.

Wenn Sie besser diese außergewöhnliche Gestalt verstehen möchten, die ihre Ängste, diejenigen einer hochsensiblen, nervösen Veranlagung, in edelmütigen, halbverschleierten Bekenntnissen preisgibt und die sich selbst fast vernichtet hätte, ohne uns die Schätze zu enthüllen, die in ihr lange Jahrhunderte und die eigenen Nöte haben entstehen lassen, dann betrachten Sie sie nun!

Die Kühnheit und die bittere Ironie, die unbesiegbare Abscheu vor allen Dingen, die ständige Todesahnung und sogar die ästhetischen Kindereien einer Melancholikerin, die sich selber zu betäuben suchte, veranlassen mich, diese »Tagebuchblätter« von Elisabeth von Österreich als das erstaunlichste nihilistische Poem anzusehen, das jemals in unseren Breitengraden gelebt worden ist. Es scheint, als ob bei dieser Herzogin orientalische Strahlen-

Stets einen Fächer als Schutz vor fremden Blicken:
Elisabeth von Österreich litt an einer Blickphobie

bündel die Macht des Traumes noch angereizt, geschürt hätten. Die skeptischen, fatalistischen Akzente, die absolute Verachtung der irdischen Dinge, die ständige Kontemplation oder eher ständige Präsenz des Ideals weisen auf eine glühende und blasierte Seele hin, der aber hier eine ästhetische Dimension zu eigen ist, die ich nur bei den einzigartigen persischen Sufis wiederfinde, die in inniger Vertrautheit mit dem Tod die Welt durchstreifen. Die Wollust des Überdrusses, in die sich mit so schmerzlicher Gefälligkeit die Kaiserin versenkte, erinnert an gewisse geheimnisvolle Träumer der asiatischen Throne.

Warum sollte ich weiterhin die unmögliche Aufgabe verfolgen, solch unvergleichliche Ängste verständlich machen zu wollen? Monotone Psalmen haben die, die wir die Glücklichen dieser Welt nennen, seit Salomon häufig wiederholt. Auch außerhalb des höfischen Rahmens haben wir ähnliche Gedanken vernommen. Nur das, was eine vergötterte und umschmeichelte Kaiserin diesem ewigen Seufzen an desillusionierten Klängen hinzufügen konnte, fehlte noch. Zustände irritierbarer Schwäche, grundlose Ängste, undefinierbare Erregung, schwarze Lykanthropien, das alles bildet die ureigene Sekretion überragender Naturen. Mit einer Regelmäßigkeit, die Menschen in Verzweiflung bringen würde, die unvorsichtig genug sind, sich beim Gedanken an unserer erschütternden Ohnmacht aufzuhalten, treten wir immer von neuem in die Spuren unserer Vorgänger. Alle großen Dichter haben so wie Elisabeth von Österreich unter der Vulgarität der Welt gelitten; sie haben das Verlangen gespürt, sich zu einem höheren Ideal emporzuringen, haben eine tiefe Entfremdung den abgestumpften und beschränkten Wesen gegenüber erfahren, die ihrerseits lebensfroh und mit dem Schicksal zufrieden sind.

Jene Sensibilität, aus der die großen künstlerischen oder religiösen Sonderfälle hervorgehen, erweist der Menschheit Ehre! Was bedeutet schon der Kern einer Doktrin? Der Elan macht die Moral aus! Das nennt Pascal »für die Ewigkeit leben«, das nennen wir »sich selber beobachten, die Nichtigkeit des Lebens verstehen«. Aber dieser Überdruß, der unaufhörlich die Würze des Todes erfordert, beeindruckt am allermeisten bei einer Frau, die durch ihre Schönheit, ihr Diadem und ihre Einsamkeit vergöttert wurde, so wie auch durch ihr Mißgeschick, dessen sie sich durch die Flucht ins eigene Innere entledigte und letztlich durch ihre Ermordung, die sie nicht einmal mehr erschüttern konnte, denn sie war dem Tode lange schon zuvorgekommen.

Als eine Bestie, von jener Fatalität getrieben, die antike Tragödien leitet, sie in der Nähe des Hotels Beau-Rivage auf dem Bürgersteig anrempelte, hat zweifelsohne die Kaiserin noch an dem teilgehabt, was der geläufige Mensch Leben nennt, denn sie reagierte noch, da sie aber kein Ziel, keinen Willen, nichts mehr zueigen hatte, war sie, wie der Philosoph sagt, der Existenz gegenüber eine Fremde und damit wirklich bereits eine Tote.

Paul Morand
Eine Frau unseres Jahrhunderts

Sie ist eine Frau unseres Jahrhunderts in den guten wie in den schlechten Eigenschaften; ist in das vergangene, ins 19., eingetreten, als sei sie an die verkehrte Tür geraten. Eine Königin für Demokraten, die Thronbaldachin gegen Feldzelt austauscht, Ehrungen für nichtig hält, ohne indessen Luxus, Komfort und Aufwand zu verachten, ganz im Gegenteil. Ein falsches »Naturkind«, eine wirklich übernervöse Person. Ihre Anlagen, Herkunft, Zeitalter – von George Sand bis Heinrich Heine – all das spielt eine Rolle, wenn es um ihr Verhalten geht. Als Mischung von Herzogin von Alba bei den Zigeunern und Maria Bashkirtseff in Nizza, die ihrerseits eine Kreuzung von einer amerikanischen Millionärin (vom Alkohol abgesehen) und einer heimatlosen, russischen Prinzessin war, scheint sie direkt aus dem »Cosmopolis« von Paul Bourget zu entspringen. Ein Frauentypus, der sich seitdem bis zum Überdruß verbreitet hat, damals aber eine erlesene Seltenheit bildete. Sie hegte leidenschaftlich ihre Seele und ihren Körper, war sich ihrer unbeherrschten Gefühle durchaus bewußt, züchtete ihre Originalität bis aufs äußerste, wachte narzißtisch über ihre 46 kg Gewicht und ihre 45 cm Taillenweite. Ihre besondere Bedeutung liegt im Kontrast, den sie zu dem steifen Habsburger-Milieu bildete, in das sie gegen ihren Willen verpflanzt worden war. Ihr tragischer Tod durch das Stilett eines Anarchisten erschüttert uns zutiefst. Sie wurde das Opfer des damals einsetzenden Klassenkrieges, eines zufälligen Mißgeschicks, das ohne jegliche technische Akkuratesse ausgeführt und mit sozialromantischer Schwärmerei befleckt war.

Elisabeth ist in der gesamten Welt sehr bewundert, in Österreich aber gehaßt worden. Sie hat ganz Europa vierzig Jahre lang überrascht, verblüfft, befremdet, schokkiert. Heute stehen Historiker, Drehbuchautoren und Dramaturgen in ihrem Bann: eine anarchische Kaiserin, ein gekröntes Haupt, das unter seinen Amtspflichten schier erstickte und gegen den eigenen Stand revoltierte – das genügt, um das Lesepublikum der Wochenzeitschriften zu begeistern, das so danach lechzt, daß Königinnen sich als solche kleiden und sich wie Hennen verhalten. So wie es ihre Nachbarin Carmen Sylva sagte, eine Herrscherin, die übrigens viel klüger als die anderen war und Elisabeth sehr zugeneigt: »Die Mode ist für Frauen ohne Geschmack, die Etikette für Menschen ohne Manieren und die Kirchen für die, die keine Religion haben.« Elisabeth besaß genügend Format, um ohne all dieses auszukommen, selbst wenn sie durch ihr unmögliches Benehmen den Tod des alten »morschen Stammes« des Habsburgerthrones beschleunigt hat. Sie war davon überzeugt, daß ihr das österreichische Königshaus alle Unglücke eingetragen hatte. Das stimmte aber nicht, denn Elisabeth hatte bereits ihre eigenen als Mitgift mitgebracht.

Mancher Tod steht im Einklang mit dem Leben, das er beendet. So bei Elisabeth: »Ich möchte aus dieser Welt fliegen wie ein Vogel, wie eine Rauchwolke ...«, sagte sie oft. So war auch ihr Sterben, eine Rauchwolke im reinen Septemberhimmel ... Der Tod hatte auf sich warten lassen. Endlich war er gekommen, so heftig hatte sie ihn herbeigesehnt – das war der einzige Despotismus, den sie überhaupt duldete.

Sie war ein Wesen, das für die Lebensfreude geschaffen, aber von irgendeiner ursprünglichen Desillusion getrieben, sie immer abgelehnt hatte.

Ihr Mörder tötete sie mit einem Wort, das viel schlimmer war als sein unheilvolles Stilett. Als er festgenommen wurde, gestand Lucheni, er sei nach Genf gekommen mit der Absicht, den Herzog von Orléans umzubringen.

– Aber warum, fragte der Untersuchungsrichter, warum haben Sie dann die Kaiserin Elisabeth ermordet?

– Ich konnte den Herzog von Orléans nicht finden, antwortete der Italiener, und deshalb habe ich die andere umgebracht in Ermangelung eines Besseren!

Das Double zu spielen, wenn man die große erste Rolle sein möchte, heißt zweimal ermordet zu werden . . .

– Sie haben eine Verzweifelte umgebracht, sagte der Untersuchungsrichter zu Lucheni.

– Ich dachte, eine Glückliche dieser Welt zu töten, antwortete der Italiener.

*Sissi oder die Verwundbarkeit Gespräch mit E. M. Cioran Paris, Januar 1983**

Sie haben sich schon seit langer Zeit sehr eingehend mit Elisabeth von Österreich beschäftigt. Was hat eigentlich Ihr großes Interesse für diese oft mißverstandene Gestalt ausgelöst.

Ich möchte gern ein Zitat vorausstellen:

»Der Todesgedanke reinigt wie ein Gärtner, der das Unkraut jätet, wenn er in seinem Garten ist. Aber dieser Gärtner will immer alleine sein und ärgert sich, wenn Neugierige in seinen Garten schauen. Deshalb halte ich den Schirm und den Fächer vor meinem Gesicht, damit er ungestört arbeiten kann...«

Diese wenigen Sätze, die ich 1935 (ich war 24 Jahre alt) gelesen habe, bilden den Ausgangspunkt meines leidenschaftlichen Interesses für die Kaiserin Elisabeth. Nur las ich sie damals auf französisch im Vorwort von Maurice Barrès zu Christomanos' Buch. Dort war das belanglose Wort *arbeiten* überaus treffend durch *jardiner* (gärtnern) übersetzt worden. Das ergab also: *»... damit der Todesgedanke in mir gärtnern kann.«* Diese freie und dennoch exakte Übersetzung fügte eine poetische Nuance hinzu, die mich geradezu verfolgen und zur Obsession werden sollte.

* Das Gespräch mit E. M. Cioran führte Verena von der Heyden-Rynsch in deutscher Sprache.

In seiner Einleitung nennt Maurice Barrès Sissis, von Christomanos aufgezeichneten Äußerungen »das größte nihilistische Poem, das je gelebt worden sei«. Würden Sie es auch als nihilistisch bezeichnen oder mehr auf den Desengaño *hin deuten?*

Nihilistisch ist nicht das richtige Wort, denn es handelt sich nicht um Nihilismus, sondern um eine Frage des Lebensgefühls. Nihilistisch hat eine philosophische Konnotation. Diese trifft bei Elisabeth nicht zu, wenngleich sie nihilistisch getönte Äußerungen von sich gab. Ich würde sie als durch und durch desengañada, desillusioniert, von der Welt abgesondert bezeichnen. Nihilismus ist als Einstellung sehr aktiv, und das war durchaus nicht ihre Haltung. Gerade die Nihilisten ihrer Zeit haben sie besonders gehaßt, denn sie spürten, daß die Kaiserin ihre Gedanken nicht teilte. In ihr war kein Quentchen, keine Spur von Einstellung, geschweige denn von Ideologie. Sie hat sich nicht in die Gedankenwelt, in den Meinungsstreit ihrer Zeit gemischt. Bedenken Sie doch, daß Sissi keine philosophische, nur eine literarische Bildung besaß. Ihre sogenannte »Philosophie« stammte von Shakespeare her, von Shakespeares Narren. Das war ihre Philosophie, es geht also nicht um Nihilismus, sondern um höchste Ironie. Die Kaiserin hat viel Shakespeare gelesen; wenn ich ihrer Vision der Welt nachgehe, muß ich an das denken, was Hamlet vor Rosenkranz und Güldenstern vortrug. Hamlet exaltiert die Pracht vom All, von Himmel und Erde – er spricht vom Menschen als von einem außerordentlichen Wesen, dem höchsten Geschöpf, und doch sagt er, all dies sei für ihn »Quintessence of dust«. Staub. Quintessenz von Staub, ist wirklich das Wort, das Sissis Weltanschauung von Anfang an resümieren könnte.

Marie Valerie, Sissis Lieblingstochter, führt die Bitterkeit ihrer Mutter darauf zurück, daß sie »in so vielen Menschen, die sie einst liebte, sich getäuscht gewähnt hatte«. Sie stellt ihre Mutter als eine junge Frau dar, die voller Erwartung auf das Leben zugegangen ist, die aber Unverständnis und Enttäuschung zur Weltflucht, ja, Weltverachtung getrieben haben. Würden Sie dieser Ansicht zustimmen?

Nein, ich glaube keineswegs, daß es primär um äußere Enttäuschungen ging. Ihre Lebenseinstellung war, wenn man so will, nicht durch Erfahrungen verursacht, sondern nur vertieft worden. Ich würde meinen, ihre Enttäuschung war angeboren, sie war von vornehinein schon immer enttäuscht. Ähnlich wie bei den Menschen, die sich der Ironie bedienen; die Ursache ist nicht äußerlich, sondern innerlich. Elisabeth brauchte es sogar, äußerlich enttäuscht zu werden, es war ein Bedürfnis, das ihrer seelischen Verfassung entsprach. Die Desillusionierung gehörte zu ihrem Wesen, war in ihr von Anfang an. Sehen Sie, Sissi sagte z. B.: »Wahnsinn ist wahrer als das Leben«, so etwas hätte sie auch vertreten können, ohne eine einzige Enttäuschung erlebt zu haben. Warum hat sie die Narren von Shakespeare so geliebt? Warum die Irrenanstalten überall, wo sie hinkam, besucht? Man kann behaupten, daß sie eine ausgesprochene Leidenschaft für alles Extreme empfand, für alles, was vom üblichen Schicksal abweicht, was außerhalb der menschlichen Conditio steht. Und sie wußte genau, daß der Wahnsinn auch in ihr selber war, die Gefahr des Wahnsinns. Es gab in ihr eine erstaunliche Kombination von Zaghaftigkeit und zugleich großer Überlegenheit. Das Gefühl der eigenen Einmaligkeit hat sie gestützt, getragen – denn sehen Sie nur, die ganzen Tragödien, die ihre Familie heimgesucht haben; sie hat aber nicht deswegen ihr Leben modifiziert, beeinflussen lassen. Sie entfernte sich immer mehr von den Menschen im Gefühl, alles sei ihr gestattet, sie sei einzigartig und die Welt ginge sie nichts an. Sie erinnert an eine Seherin, ja, an die Stimme des Orakels; fern von allen und doch durchschauend. Ich würde sagen, daß Elisabeth eine Mischung von Romantik und Antike darstellt.

Christomanos umschreibt die Kaiserin einmal folgendermaßen: (als) »eine innere Welt organisierter Traurigkeiten«. Ist das Wort »organisiert«, d. h. der Wille fast zur Traurigkeit, nicht eher das Gegenteil ihrer Veranlagung?

Ja, das Wort ist unzutreffend, verkehrt! Organisiert heißt ja systematisch. Die Traurigkeit war ihr Temperament, eher würde ich sagen, nicht organisiert, sondern organisch. Organisiert klingt so äußerlich, das ist absolut falsch. Alles wurde von ihrem Charakter bestimmt, diktiert. Wenn sie über das Leben, über die Menschen, über deren Beziehungen zueinander sprach, entsprang alles einer melancholischen Grundverfaßtheit. Was ist eigentlich die Melancholie? Ich würde so sagen: die Melancholie ist nicht das Unglück, sondern das *Gefühl* des Unglücks, denn in der Melancholie ist man nicht notwendigerweise *objektiv* unglücklich. Dieses Gefühl hat nichts mit wirklichen Erlebnissen, schlechten Erfahrungen, überhaupt mit der konkreten Welt zu tun. Nein, es ist das Gefühl, daß sogar mitten im Paradies das Unglück auf einem lasten würde. Melancholiker sind oft Menschen, die nicht unbedingt wegen äußeren Gründen gelitten haben. Auch ohne die schrecklichen Ereignisse, die sie umgaben, hätte Sissi die gleiche Lebensansicht gehabt, denn das Erlebnis des Verdammtseins setzt nicht unbedingt die Hölle voraus. Sie selbst definiert ja das Leben als Krankheit. Allein die Einsamkeit war für sie sozusagen Gesundheit. Um nochmals die Melancholie aufzugreifen: was ist sie im Grunde? Sie ist die Gewißheit der universellen Vergeblichkeit, die Apotheose des *Umsonst*. Oder besser: eine Mischung von Grazie und Unheil, von Anmut und Trostlosigkeit – ja, sie ist das Unentrinnbare als ewige Melodie, als Grundton des Lebens.

Im 19. Jahrhundert gab es zwei Gipfel der Melancholie: Brahms und Sissi. Wenn die Melancholie der einzige Maßstab wäre, um die Geister zu beurteilen, ließe sich Sissi als Gestalt ohne weiteres mit Brahms vergleichen. Aber selbstverständlich geht es hier nicht um eine Frage des Genies, sondern um eine gefühlsmäßige Analogie. Sissi war nicht besonders begabt, besaß kein »Genie«, und so viel ich weiß, hat sie sich nie um Brahms' Musik gekümmert, aber die Melancholie hat sie so geprägt, daß man sie deshalb mit ihm vergleichen kann. Sie als Erscheinung – er als Schöpfer.

Gemeinsam war ihnen auch die abgöttische Vorliebe für das Magyarische. Der ungarische Einschlag in Brahms' Musik ist für mich persönlich das Anziehendste an ihr! Sie wissen ja, Brahms war in seiner Jugend mit einem ungarischen Geiger, Reményi, befreundet. Sie sind viel zusammen herumgereist, und er hat ihn in die ungarische Musik eingeweiht. Sie hat sein Leben entscheidend geprägt. Es gibt eine spezifisch ungarische Traurigkeit . . . überhaupt gibt es in Europa drei Formen von Trauer: die russische, die ungarische und die portugiesische. Persönlich zieht mich die ungarische am meisten an, ich bin ja selbst in Österreich/Ungarn geboren. Das Ungarische hat also Sissi unheimlich fasziniert, vielleicht war es das einzige, was sie wirklich gefesselt hat. Ihre Vorliebe für Ungarn war politisch gesehen Selbstmord, denn die ungarische Politik, der ungarische Chauvinismus, war der Hauptgrund des Zusammenbruches der Donaumonarchie. Aber dazu später.

Immer wieder wurde Sissi vorgeworfen, sie habe die Melancholie gezüchtet – was bei einem Künstler u. U. berechtigt erscheint wegen seiner schöpferischen Tätigkeit – sie habe es aber nur selbstbezogen, eigennützlerisch betrieben, sozusagen sie als Ferment der Selbstzerrüttung gezüchtet. Wie würden Sie das sehen?

Sie war eine große Egoistin, zweifelsohne, aber das ist für mich kein Einwand, kein Vorwurf. Wie alle Illusionslosen, d. h. wie alle, die nur noch über sich selbst Illusionen hegen, war sie von sich selber ganz eingenommen, völlig eigen-süchtig. Baudelaire sagte einmal, schon beim Aussprechen des Wortes »malheur« spüre er so etwas wie eine Wollust. Das paßt genau zu Sissi auch. Die Illusionslosigkeit ist eine fast instinktive Weltanschauung, denn ihre Adepten wissen oft im voraus über Menschen, über Dinge Bescheid, sie wissen, worum es geht, ohne lange suchen zu müssen. Ihr Temperament zwingt sie zu dieser Art von Denken. Die Illusionslosigkeit ist eine Art von Erkenntnis, von unsystematischer Erkenntnis, aber dennoch... ich würde sie letztlich als vor-experimentelle Philosophie, als fast automatische Metaphysik bezeichnen.

Ferner ist sie der beste Weg, um der Vulgarität zu entkommen, im Sinne, daß man durch sie nie wie die übrigen ist. Die Illusionslosigkeit, Folge der Melancholie, ist der wahre Weg der Absonderung.

Sissi spricht oft von der Ironie als Waffe, die sie vor dem Leben schützt, Lächerlichkeit aufdeckt und damit überwindet.

Die Ironie ist nur eine Maske des Unglücks. Sie ist ein indirekter Weg, ein Umweg, den die innerlich Verletzten einschlagen, um ihren wahren Zustand zu verbergen, um nicht über ihr eigenes Unglück zu sprechen. Sie ist der intellektuelle Ausdruck einer inneren Verwundbarkeit. Ich glaube, Sissi hat Heine so geliebt wegen seiner Ironie, nicht weil er ein sehr großer Dichter gewesen wäre! Heine hat wie kein anderer diese Verwundbarkeit erfahren und sich der Ironie als Deckmantel bedient, um seine Gefühle auszudrücken. Das ist der tiefe Sinn der Ironie: eine elegante Form, die das Geschundensein verhüllt und zugleich ausdrückt. In Deutschland gibt es keine Tradition des ironischen Genres. Heine bildet darin eine Ausnahme. Die deutsche Ironie, zu insistent, philosophisch gefärbt und zu explikativ, ausführlich, will erklären, berechtigen, anstatt knapp, blitzartig zu sein. Der Deutsche untermauert seine Ironie, sie wird zum System – in der Romantik hat er seine Theorie davon entworfen, aber in der Praxis ist er nicht sehr weit damit gekommen . . .

Sehen Sie, jemand wie Sartre, der durchaus eine gewisse Ironie besaß, dennoch darin sehr deutsch war. Nun, das läßt sich erklären: er war Elsässer! Sartres Ironie ist immer zu nachdrücklich, zu erschwert, man könnte fast sagen professoral, d. h. zu gründlich. Die Ironie muß tief sein, aber nicht gründlich! Man braucht keine Argumente, um sie zu rechtfertigen. Sartres Ironie hatte eine elsässische Schattierung, darum fehlte ihr die Leichtigkeit der französischen.

Ich möchte hier kurz etwas einschalten. Neulich habe ich Borges hier in Paris getroffen. Als erstes sagte er mir, er sei in Deutschland sehr enttäuscht worden. Er selbst wollte über Heine sprechen, und seine Zuhörer hätten ihn verständnislos angeschaut, ja sogar etwas abschätzig darüber gelächelt. Die Deutschen hätten keinen Sinn mehr für Heine; ähnliches habe er auch erlebt, als er über Schopenhauer gesprochen hat. Diese Reaktionen hätten ihn zutiefst getroffen.

Was ist im Grunde Illusion? Und glauben Sie, daß man ihre Notwendigkeit postulieren soll?

Ich denke an einen der letzten großen Weisen Indiens, Ramana Maharschi. Einmal stellte man ihm die Frage: »Was ist die Illusion, was ist Mâyâ?« Er antwortete: »Mâyâ ist: Eis zu betrachten, ohne dabei zu denken, daß es Wasser ist«. Das ist eine sehr tiefsinnige Antwort. Derjenige, der ein Gefangener der Illusion ist, sieht überall nur Eis, und wenn er schließlich erkennt, daß es Wasser ist, wird er fassungslos. Sissi hingegen perzipierte die Illusion auf ganz besondere Weise. Das Gefühl, daß alles unwirklich, Mâyâ ist, ließ sie nicht los. Sie sprach oft darüber. Sehen Sie, wenn jemand ein ganzes Leben braucht, um desillusioniert zu werden, mit dem kann man sich nicht einmal unterhalten, denn dieser allmähliche Weg, dieses langsame Fortschreiten dauert einfach zu lange. Wenn man erst mit 80 Jahren durchschaut, dann ist es zu spät... Interessant hingegen ist, wenn einem 15- oder 20jährigen es bereits gelingt. Das traf bei Sissi zu, was natürlich nicht ausschließt, daß sich diese Erfahrung im Laufe der Zeit verdichtet. Aber im Keim war alles schon enthalten. Die Illusion war dennoch für sie notwendig. In diesem Sinn spricht sie ja von der »innerlichen Maskerade«, die sie sich abzwingen muß, auch vom »Eselskopf unserer Illusionen«, den wir immer streicheln, streicheln müssen. Sie postulierte die Illusion wie alle Menschen, die keinen Selbstmord begehen, obwohl sie die Nichtigkeit des Lebens durchschauen. Jeder paktiert mit der Illusion bis zu einem gewissen Punkt. Das ist unbedingt notwendig, das gehört zum Spiel.

Ähnlich wie für Heine äußerte Sissi eine große Vorliebe für Achilles. Würden Sie diese Affinität etwas erläutern, bitte?

Ihre große Bewunderung für Achilles rührte daher, daß für ihn, wie sie sagte, seine eigene Traurigkeit viel wichtiger, wertvoller war als das Leben überhaupt. Achilles lebte nur für seine Träume und allein sein eigener Wille war für ihn heilig. Wie konnte Sissi nicht davon fasziniert sein? Das entsprach ja genau ihren Vorstellungen. Man könnte das als »göttlichen« Egozentrismus bezeichnen . . ., aber man darf nicht vergessen, daß ihre Traurigkeit kein selbstgefälliger Ästhetizismus war. Sehen Sie so einen Satz: »die wahren Tränen kann man nicht weinen, und die man weint, verrinnen alle umsonst«. Das sind wichtige Schlüssel, um Elisabeth zu verstehen, sie wirklich zu kennen.

Frau Hamann vertritt die These, daß Sissi allein ihrer Selbstverwirklichung gelebt hätte, also das Ideal der schrankenlosen Selbstverwirklichung realisiert hätte, aber dadurch tief unglücklich geworden wäre.

Ja, deswegen, genau deswegen! Ihre Selbstverwirklichung bestand im tiefen Unglück. Das war ihre Art, ihr Wesen. Sie hat es z. B. für ganz normal gehalten, daß ein ganzes Imperium für sie arbeitet, damit sie sich realisieren kann, damit sie mit ihrer Schwermut durch alle Länder und Meere ziehen kann. Das war eine schlimme Provokation für ihre Zeitgenossen; für uns spielt das keine Rolle mehr. Die Geschichte ist völlig zynisch und unmoralisch. Sissi selbst besaß ja eine Art Zynismus, von dem man sagen kann, er sei eine degradierte Form von Ironie. Sicher hatte sie ab und zu Anfälle bittersten Zynismus, aber andererseits konnte sie sich manchmal sehr für andere einsetzen, war sehr großzügig, jedoch ohne jegliche »Menschenliebe«. Ihr launisches Verhalten hat ihre Umwelt sehr irritiert, aber für uns sind, was die Vergangenheit anbetrifft, moralische Maßstäbe oder Urteile nicht primär. Selbst wenn ein ganzes Imperium für sie und wegen ihr hat leiden müssen, für die Nachwelt ist das fast irrelevant.

Wie erklären Sie, daß Sissi, die die Liebe als nicht ernstzunehmendes Ding ansah und sogar ihren eigenen Kindern gegenüber, Marie Valerie ausgenommen, sehr kühl sein konnte, die Pacher-Geschichte, ihre Romanze, so ernst nahm, sich so damit beschäftigte, daß sie lange Liebesgedichte darüber geschrieben hat? Waren das Hirngespinste einer frustrierten Frau?

Nein, es war alles nur ein Spiel. Sie dürfen nicht vergessen, daß sie sich tödlich hat langweilen müssen. Sie hatte keine wirklichen Interessen, abgesehen von den jeweiligen »Manien«; Reiten, Gymnastik, Pflege ihres Körpers, etc. Sie mußte sich also Vorwände schaffen! Ich selber glaube, daß sie unfähig war, eine wirkliche Leidenschaft zu empfinden, eine Liebe ... die Illusion, die davon untrennbar ist, wäre vielleicht für sie unmöglich, unannehmbar gewesen. Sie hat sich vielleicht zum Spiel verliebt, aber im Grunde war ihre Haltung mit zunehmendem Alter konkreten menschlichen Beziehungen gegenüber recht eigen. Sie nannte das Meer ihren »Beichtvater« und einen Baum in Gödöllö ihren »Vertrauten«, ihren »besten Freund«. Von diesem Baum sprach sie in fast innigen Tönen: »er weiß alles, was in mir ist und was in der Zeit geschieht, solange wir entfernt sind.« Auf seine Treue baute sie: »Er wird es auch niemandem sagen.« Das ist sehr wichtig für sie, daß sie den Menschen nicht vertraute, sondern dem Meer und diesem Baum. Dadurch hat sie sich außerhalb der Menschheit gestellt – das macht ihre Größe aus. So eine Einstellung läßt sich auch bei König Lear finden. Meiner Ansicht nach ist das, was sie über den Baum in Gödöllö sagt, das wichtigste, was sie geäußert hat. Auch philosophisch gesehen. Hier liegt der Höhepunkt, alles andere ist damit verglichen nur nebensächlich, denn das heißt, daß alles für sie letztlich irreal war, daß die Wirklichkeit für sie nur Rauch, Mâyâ, war. Ich glaube, daß ihre Leiden durchaus real waren, aber sie wurden von der Schwermut umgewandelt. Die Lawine von entsetzlichen Unglücksfällen, die auf sie einschlug, war quasi nur ein Beweis, eine Bestätigung dafür, daß sie sich in ihrem ursprünglichen Lebensgefühl nicht geirrt hatte.

Würden Sie Sissis Beziehung zur Natur, ihre fast absolute Beziehung zu einem Baum, pantheistisch nennen?

Nein, man könnte es zwar, aber warum daraus ein System machen? Sie hatte diese Beziehung dazu, weil sie sich eben im Meer oder bei diesem Baum wohl, zu Hause fühlte. Immer wieder betonte sie, daß sie nur dort, wo es keine Spur von Menschen gibt, sich wohl fühle, sie fliehe vor der »Ansteckung« mit den Menschen. Das galt aber nicht für das einfache Volk, für die Fischer, für die Bauern, die Dorfnarren, die sie besonders gemocht und aufgesucht hat. Nicht die Menschenscheu kennzeichnete sie, sondern der Menschen-Abscheu. Ich muß dabei an eine andere Gestalt denken, die aus meiner Jugend stammt. In Hermannstadt gab es eine Irrenanstalt, die ich öfters besuchte – hatte einen Freund, der dort Arzt war. Die Anstalt befand sich außerhalb der Stadt, und ich ging fast täglich dahin, für mich war es ein guter Spaziergang. Unter anderem gab es dort eine Finnin, circa 40 Jahre alt, stets in Schwarz gekleidet. Sie hielt sich immer alleine in der Parkanlage auf. Wir beide sprachen deutsch miteinander, denn sie konnte weder rumänisch noch französisch. Eines Tages traf ich sie auf einem Seitenweg und fragte sie: »Was treiben Sie eigentlich den ganzen Tag?« – Sie antwortete: »*Ich hamletisiere.*« Das ist eine Antwort, die Sissi hätte geben müssen.

Das Thema der Zeit gehört auch wesentlich zu Sissis Gedankenwelt. Würden Sie das, bitte, etwas erläutern?

Was Sissi über die Zeit sagt, finde ich hochinteressant, auch sehr philosophisch. Sie sagt, das Gefühl der Zeit sei immer schmerzlich, weil es uns das Gefühl des Lebens vermittle. Das ist wirklich ein Urteil über das Leben! Bei aktiven Menschen ist das Zeitgefühl nie schmerzlich, im Gegenteil, es ist für sie eine Triebkraft, denn sie wollen sich in die Zeit integrieren. Aber bei Menschen, die die Zeit zu bewußt wahrnehmen, d. h. den Zeitverlauf als solchen spüren, dafür einen Sinn haben, wird die Zeit etwas Lähmendes, sie bildet einen Gegenpol zum Leben, zerstört es. Die Zeit öffnet uns die Augen über die Existenz. Bei Sissi war das Zeitgefühl schmerzlich, nicht weil es Leben enthüllte, sondern weil es sie damit in Verbindung brachte!

Die Tage, die Nächte, was mag das für sie gewesen sein? Sie wissen ja, daß sie um 5 Uhr morgens aufstand, sehr wenig schlief; wenn ich ihre Notizen, ihre Anmerkungen durchlese, weiß ich genau, daß es hier um schlaflose, »weiße« Nächte geht. Sie mochte sie sicher ganz gerne, weil sie dann endlich vollständig einsam sein konnte. Deshalb kann man sagen, daß sie mehr als enttäuscht war, denn enttäuscht ist jemand, der doch etwas vom Leben erwartet. Sie hat nicht einmal ihre Illusionen verloren, sie hatte kaum welche. Sie konnte wohl von einzelnen Personen enttäuscht sein, aber ihre Desillusionierung ging noch viel tiefer. Sprechen wir wieder von Hamlet. Auch ohne etwas über den Tod seines Vaters zu erfahren, hätte er einen ähnlichen Monolog gehalten. Der Mord des Vaters war nur ein Anstoß, eine Bestätigung seines Lebensgefühls, seiner Lebensansicht. Schon davor durchschaute er vieles. So war es auch bei Sissi, selbst ohne Tragödie hätte sie ähnliches geäußert. Nur die Insistenz wäre nicht die gleiche gewesen, die Ereignisse waren also eine Art Nahrung, Verstärkung des bereits Vorhandenen wie bei Hamlet. Das Wesentliche kommt nicht von außen . . .

Und gerade das fasziniert Sie so an Sissi!

Ja, das fasziniert mich, weil es fast wie ein Schauspiel ist, fast nutzlos, eine Tragödie an und für sich! Zeit setzt ein, aber nicht wesentliche Zeit . . .

Wurde Sissis Gefühl der Nichtigkeit aller Dinge nicht ständig von ihrer Todesahnung untermalt?

Das Todesgefühl war bei ihr vorherrschend. Sie war als Lebende dem Tode näher als so mancher Toter . . . Alles half ihr, diese Ahnung zu illustrieren, zu steigern. Sogar mitten in der von ihr so geliebten Natur verläßt sie der

Todesgedanke nicht – sie beschreibt einmal die Erde als einen »Leichnam«, auf dem wir rollen, und die Sterne als »schimmernde, ferne Leichen«. Sie hatte eine seltsame Vorliebe für die Gesichter von Toten, weil sich auf ihnen so viel »Weh und Hohn« ausdrücke, »es ist der Hohn des Sieges über das Leben, das so weh getan hat ...«

Zu Sissis Leitthemen gehört das des Schicksals, nicht wahr?

Das ist das Kernthema all ihrer Gespräche, ihr Ausgang und Endpunkt: das Schicksal. Immer wieder betonte sie, sie sei auf der Suche nach ihrem Schicksal. Alles wurde in diesem Sinne gedeutet. Als sie z. B. während einer Schiffsreise eine schwarze Möve entdeckte, die seit 8 Tagen bereits mitflog, sah sie in ihr sofort ein Zeichen für das eigene Schicksal. Dieser Punkt ist bemerkenswert, denn die Idee des Schicksals kommt aus der Antike und ist sozusagen nicht westeuropäisch, sie gehört nicht zu dem westlichen Kulturkreis. Ich würde sogar sagen, die Idee des Schicksals beginnt, bzw. hört bei Wien auf. Sie hat nur im Südosten Europas überlebt. Nun, streng genommen existiert sie überall, aber nicht als Zwangsvorstellung, nicht als Prinzip der Lebenserklärung, als Hauptthema einer Sensibilität. Bei Sissi hingegen ist es so, sie spricht manchmal darüber wie eine balkanische Bäuerin! Natürlich hängt das auch mit Österreich zusammen, das durch den slawischen Einschlag in gewisser Weise zum Südosten Europas gehört. Österreich birgt unter seiner Frivolität und Leichtfertigkeit etwas viel tieferes, was gerade aus dem südöstlichen Kulturkreis kommt. Bei Sissi ist dieser Aspekt besonders wichtig.

Für sie bedeutet Schicksal ein gefühlsmäßiges Erlebnis, nicht wie bei den Deutschen meistens eine Idee, eine lineare Idee. Der östliche Fatalismus spricht aus ihr, wenn sie von sich selber sagt, es würde mit ihr ein tragisches Ende nehmen, aber niemand sei dafür verantwortlich, es sei nichts zu machen, denn es gehöre eben dazu . . .

In diesem Sinne behauptet sie auch, daß nichts sie beeinflussen könne, weil sie sich ihren inneren Stimmen ganz überlassen würde.

Und daher ja auch ihre Verachtung für die Politik, die sie als Selbstbetrug ansah, weil ja alles von selbst geschieht, aus »innerer Notwendigkeit und Reife«.

Sie hat den Zusammenbruch des Imperiums lange vorausgespürt. Sie hatte mehr als eine Vorahnung, aber das hat sie nicht einmal besonders betrübt. Sie wußte um die Bedrohung, aber auch, daß alles provisorisch und verdammt ist. Sie hat stets mit diesem Gefühl gelebt und der Politik völlig den Rücken gedreht.

Meinen Sie nicht, daß sie durch ihre Einstellung, ihr Verhalten, das Ende der k. u. k.-Monarchie beschleunigt hat?

Sie war ja selber ein Symbol des Verhängnisses. Das Bedeutsame an Elisabeth von Österreich ist, daß so ein Fall nur am Ende einer Dynastie möglich ist. Sie wissen ja, Franz Joseph beabsichtigte nicht sie, sondern ihre ältere Schwester zu heiraten, war aber gleich von Sissi fasziniert. Das war bereits schon ein Zeichen des Schicksals, denn er wählte gerade die Person, die er nicht hätte heiraten sollen. Er selber war ja ein mediokrer Mensch und ihr gar nicht gewachsen. Diese Wahl war ihr persönliches Schicksal und zugleich ein Symbol für Österreichs Geschichte – Sissi paßte so gut zu einer untergehenden Zivilisation, ich meine natürlich nicht die 15jährige, sondern die erwachsene Sissi. Ihr Temperament besaß die Zerbrechlichkeit der Donaumonarchie selbst!

Natürlich hat ihre Vorliebe für das ungarische Volk das Ende der Donaumonarchie beschleunigt. Sie hat immer die Ungarn auf Kosten der anderen Volksgruppen privilegiert, deren Revolte nicht hauptsächlich gegen Wien, sondern gegen Budapest war. Ich bin gar nicht anti-ungarisch eingestellt, im Gegenteil, aber politisch gesehen war Sissis Verhalten ein großer Irrtum. So sehr sie die Gefahr im allgemeinen spürte, das politische Feld in seinen Einzelheiten blieb ihr verschlossen. Sie war von allem, was bei den Ungarn so verführerisch ist, wie verzaubert.

Frau Hamann meint, Sissis Liebe zu Ungarn sei primär durch den Haß gegen Wien und gegen ihre Schwiegermutter bedingt . . .

Nein, da bin ich ganz anderer Meinung! Der Hauptgrund, das kann man wohl verstehen, war, daß die Mentalität, die Sprache, die Menschen sie sehr gefesselt haben. Es ist ja auch kein Zufall, daß gerade dieser Baum in Gödöllö sie so anzog, d. h. ihr bester Freund war ein ungarischer Baum! Das soll man nicht überschätzen, aber . . .

Hat der Selbstmordgedanke bei Sissi eine besondere Rolle gespielt?

Ihr Leben lang hat sie sich mit diesem Gedanken beschäftigt. Besonders nach Rudolfs Tod, weil sie sich dafür verantwortlich fühlte. Man kann nicht von der Melancholie besessen sein, ohne an Selbstmord zu denken. Selbstmord und Melancholie gehören zusammen. Er ist letztlich eine Krönung der Melancholie, ihre letzte Folge – wenigstens bei ein wenig zu konsequenten Menschen! Der Selbstmordgedanke unterzieht die Melancholie. Bei Sissi war es auch so. Es gibt ja mehrere Stellen, wo sie darüber spricht, sehnsüchtig, aber nicht tatkräftig.

Die Gestalt der Elisabeth von Österreich ist heutzutage wieder hochaktuell geworden. Warum glauben Sie, daß Sissi heute so wichtig für uns wird?

Der Hauptgrund ist meiner Meinung nach, daß das damalige Wien den Zusammenbruch des Westens präfiguriert. Der Untergang Österreichs war sozusagen die Generalprobe unseres baldigen Untergangs. Was am Ende dieses Jahrhunderts auf uns zukommen wird, das geschah bereits damals in Wien. Das wird der nächste Akt der historischen Tragödie Europas. So erkläre ich mir dieses neue leidenschaftliche Interesse an Sissis Person und ihrer Zeit. Heute fällt alles zusammen, alles geht auseinander. Sissi ist das Sinnbild einer verdammten Welt. Sie selber war zu verfeinert, zu edel, zu – ohne Nachwelt. Eine Art Fluch lag auf ihrer Familie und fast auf der gesamten Kultur, mit der sie verbunden war. Ginge es nur um ihr Leben, ihr persönliches Leben, so wäre es schon lohnend, sich damit auseinanderzusetzen. Aber letztlich ginge es um einen Fall. Sie ist aber ein Fall und ein Symbol zugleich. Deshalb kommt man nicht an ihr vorbei. Sie war als menschliche Erscheinung die anziehendste Gestalt eines Zerfalls, einer Dekadenz. Das Ende des zaristischen Rußlands hatte nicht die Chance, eine ähnliche Figur zu haben, denn die Zarin, die »Deutsche«, war nur unter psychopathischem Aspekt interessant, sie besaß keinen besonderen Reiz, keinen Charme, aber sie war auch eine Ausnahme, wenngleich im negativen Sinne.

In der Geschichte sind einzig die Niedergangsperioden bedeutend, denn in ihnen stellen sich alle Fragen der Existenz im allgemeinen und die der Geschichte als solcher. Alles erhöht sich zum Tragischen, jedes Ereignis bekommt dadurch eine neue Dimension. Die Phantasien, Launen, Sonderbarkeiten einer Sissi konnten nur in einer solchen Periode vorkommen. Sie bildeten sozusagen den Hintergrund der hereinbrechenden Katastrophe, deren alle sich mehr oder weniger bewußt waren. Deswegen ist diese Gestalt so bedeutsam und großartig! Deswegen verstehen *wir* sie besser als ihre Zeitgenossen.

Zu dieser Ausgabe

insel taschenbuch 1536
Elisabeth von Österreich
Tagebuchblätter von Constantin Christomanos

Die in deutscher Sprache niedergeschriebenen Tagebuchblätter von Constantin Christomanos erschienen 1898 erstmals im Verlag Moritz Perles, Wien. Im Jahre 1900 folgte eine französische Übersetzung im Verlag Mercure de France in Paris. Bis zum Jahre 1983 wurden diese Tagebuchblätter nicht mehr aufgelegt.

Der vorliegende Text folgt der Ausgabe: Elisabeth von Österreich. Tagebuchblätter von Constantin Christomanos. Herausgegeben von Verena von der Heyden-Rynsch, nebst Beiträgen von E. M. Cioran und anderen. Matthes & Seitz Verlag, München 1983 (Liebhaber-Bibliothek, 4). Paul Morands Votum wurde von Verena von der Heyden-Rynsch aus dem Französischen übersetzt. Aus: La dame Blanche des Habsbourg, Paris 1980. Der Abdruck erfolgt mit freundlicher Genehmigung der Librairie Académique Perrin.

Zu den Abbildungen:
Wladimir Aichelburg: S. 91; *Bundesmobiliensammlung, Wien:* S. 8; *Münchner Stadtmuseum:* S. 4; *Österreichische Nationalbibliothek, Wien:* S. 189; *Photomuseum, Wien:* S. 24, 50, 56, 82, 101, 109, 176; *Polychronis Enepekides:* S. 22, 104. Aus: Peter Müller (Text), Viktor Kabelka (Bildteil), »Schwalbe, leih' mir deine Flügel ...«. Die Reisen der Kaiserin Elisabeth. Wien 1991. Der Abdruck erfolgt mit der freundlichen Genehmigung der Jugend & Volk Verlagsgesellschaft m.b.H. Wien.

Umschlagabbildung: Elisabeth von Österreich, Gemälde von Franz Xaver Winterhalter, 1864. Foto: Archiv für Kunst und Geschichte, Berlin

Biographien, Leben und Werk im insel taschenbuch

Lou Andreas-Salomé: Lebensrückblick. Grundriß einiger Lebenserinnerungen. Aus dem Nachlaß herausgegeben von Ernst Pfeiffer. Neu durchgesehene Ausgabe mit einem Nachwort des Herausgebers. it 54

– Rainer Maria Rilke. Mit acht Bildtafeln im Text. Herausgegeben von Ernst Pfeiffer. it 1044

Elizabeth von Arnim: Elizabeth und ihr Garten. Aus dem Englischen von Adelheid Dormagen. it 1293

Georg Bollenbeck: Theodor Storm. Eine Biographie. Mit neunzehn Abbildungen. it 1347

Die Schwestern Brontë. Leben und Werk in Texten und Bildern. Herausgegeben von Elsemarie Maletzke und Christel Schütz. it 814

Cézanne. Leben und Werk in Texten und Bildern. Von Margret Boehm-Hunold. it 1140

George Clémenceau: Claude Monet. Betrachtungen und Erinnerungen eines Freundes. Mit farbigen Abbildungen und einem Nachwort von Gottfried Boehm. it 1152

Sigrid Damm: Cornelia Goethe. it 1452

– »Vögel, die verkünden Land.« Das Leben des Jakob Michael Reinhold Lenz. it 1399

Joseph von Eichendorff. Leben und Werk in Texten und Bildern. Herausgegeben von Wolfgang Frühwald und Franz Heiduk. it 1064

Theodor Fontane: Kriegsgefangen. Erlebnisse 1870. Herausgegeben von Otto Drude. Mit zahlreichen Abbildungen. it 1437

– Meine Kinderjahre. Autobiographischer Roman. Mit einem Nachwort von Otto Drude. it 705

Sigmund Freud. Sein Leben in Bildern und Texten. Herausgegeben von Ernst Freud, Lucie Freud und Ilse Grubrich-Simitis. Mit einer biographischen Skizze von K. R. Eissler. Gestaltet von Willy Fleckhaus. it 1133

Dagmar von Gersdorff: Dich zu lieben kann ich nicht verlernen. Das Leben der Sophie Brentano-Mereau. it 1276

Goethe. Sein Leben in Bildern und Texten. Vorwort von Adolf Muschg. Herausgegeben von Christoph Michel. Gestaltet von Willy Fleckhaus. it 1000

Manfred Wenzel: Goethe und die Medizin. Selbstzeugnisse und Dokumente. Mit zahlreichen Abbildungen. it 1350

Gernot Gruber: Mozart. Leben und Werk in Bildern und Texten. it 1319

Heinrich Heine. Leben und Werk in Daten und Bildern. Von Joseph A. Kruse. Mit farbigen Abbildungen. it 615

162/1/8.92

Biographien, Leben und Werk im insel taschenbuch

Hermann Hesse. Sein Leben in Bildern und Texten. Mit einem Vorwort von Hans Mayer. Herausgegeben von Volker Michels. it 1111

Volker Michels: Hermann Hesse. Leben und Werk im Bild. Mit dem ›kurzgefaßten Lebenslauf‹ von Hermann Hesse. it 36

Marie Hesse: Ein Lebensbild in Briefen und Tagebüchern. Mit einem Essay von Siegfried Greiner. Mit frühen Lithographien von Gunter Böhmer. it 261

Hölderlin. Chronik seines Lebens mit ausgewählten Bildnissen. Herausgegeben von Adolf Beck. it 83

Kleist. Leben und Werk im Bild. Herausgegeben von Eberhard Siebert. it 371

Cordula Koepcke: Lou Andreas- Salomé. Leben. Persönlichkeit. Werk. Eine Biographie. it 905

Oskar Kokoschka. Leben und Werk in Daten und Bildern. Herausgegeben von Norbert Werner. it 909

Dieter Kühn: Ich Wolkenstein. Eine Biographie. Neue, erweiterte Ausgabe. it 497

– Neidhart aus dem Reuental. it 1389

– Parzival. Der Parzival des Wolfram von Eschenbach. it 1328

Monique Lange: Edith Piaf. Die Geschichte der Piaf. Ihr Leben in Texten und Bildern. Aus dem Französischen von Hugo Beyer. Mit einer Discographie. it 516

Jane Lidderdale / Mary Nicholson: Liebe Miss Weaver. Ein Leben für Joyce. Aus dem Englischen von Angela Praesent und Anneliese Strauss. it 1436

Mütter berühmter Männer. Zwölf biographische Portraits. Herausgegeben von Luise F. Pusch. it 1356

Ernst Penzoldt. Leben und Werk in Texten und Bildern. Herausgegeben von Ulla Penzoldt und Volker Michels. it 547

Marthe Princesse Bibesco: Begegnung mit Marcel Proust. Aus dem Französischen von Eva Rechel-Mertens. it 1349

Renate Wiggershaus: Marcel Proust. Leben und Werk in Texten und Bildern. it 1348

Eva Rieger: Nannerl Mozart. Leben einer Künstlerin im 18. Jahrhundert. Mit zahlreichen Abbildungen. it 1431

Rainer Maria Rilke. Leben und Werk im Bild. Von Ingeborg Schnack. Mit einer biographischen Einführung und einer Zeittafel. it 35

George Sand. Leben und Werk in Texten und Bildern. Von Gisela Schlientz. it 565

162/2/8.92

Biographien, Leben und Werk im insel taschenbuch

Arthur Schopenhauer. Leben und Werk in Texten und Bildern. Herausgegeben von Angelika Hübscher. it 1059

Misia Sert: Pariser Erinnerungen. Aus dem Französischen von Hedwig Andertann. Mit einem Bildteil. it 1180

Muriel Spark: Mary Shelley. Eine Biographie. Deutsch von Angelika Beck. Mit zahlreichen Abbildungen. it 1258

Töchter berühmter Männer. Neun biographische Portraits. Herausgegeben von Luise F. Pusch. it 979

Siegfried Unseld: Hermann Hesse. Werk und Wirkungsgeschichte. Revidierte und erweiterte Fassung der Ausgabe von 1973. Mit zahlreichen Abbildungen. it 1112

Wilhelmine von Bayreuth: Eine preußische Königstochter. Glanz und Elend am Hofe des Soldatenkönigs in den Memoiren der Markgräfin Wilhelmine von Bayreuth. Aus dem Französischen von Annette Kolb. Neu herausgegeben von Ingeborg Weber-Kellermann. Mit Illustrationen von Adolph Menzel. it 1280

Virginia Woolf. Leben und Werk in Texten und Bildern. Herausgegeben von Renate Wiggershaus. it 932

Stefan Zweig. Leben und Werk im Bild. Herausgegeben von Donald Prater und Volker Michels. it 532

162/3/8.92

Literatur und Reisen
im insel taschenbuch

Alt-Prager Geschichten. Gesammelt von Peter Demetz. Mit Illustrationen von Hugo Steiner-Prag. it 613

Alt-Wiener Geschichten. Gesammelt von Joseph Peter Strelka. Mit sechs farbigen Abbildungen. it 784

Das andere Ferienbuch. Herausgegeben von Vera Pagin und Hans-Joachim Simm. it 1174

Ernst Batta: Römische Paläste und Villen. Annäherung an eine Stadt. Mit zahlreichen Abbildungen. it 1324

Berlin. Literarischer Führer. Von Fred Oberhauser und Nicole Henneberg. Mit farbigen Abbildungen. it 1412

Sigrun Bielfeldt: Literarischer Führer durch Moskau. Mit zahlreichen Abbildungen. it 1382

Bodensee. Reisebuch. Herausgegeben von Dominik Jost. Mit zahlreichen Abbildungen. it 1490

Bonn. Ein Städte-Lesebuch. Herausgegeben von Doris Maurer und Arnold E. Maurer. Mit zahlreichen Abbildungen. it 1224

Kai Brodersen: Die Sieben Weltwunder. Philon von Byzanz und andere antike Texte. Zweisprachige Ausgabe von Kai Brodersen. Mit zahlreichen Abbildungen. it 1392

Dresden. Ein Reiselesebuch. Herausgegeben von Katrin Nitzschke. Unter Mitarbeit von Reinhard Eigenwill. Mit zahlreichen Abbildungen. it 1365

Das Ferienbuch. Literarische Souvenirs, aufgelesen von Vera Pagin und Hans-Joachim Simm. it 1082

Dominique Fernandez: Süditalienische Reise. Aus dem Französischen von Julia Kirchner. Mit farbigen Fotografien von Martin Thomas. it 1076

Flandern. Ein literarisches Landschaftsbild. Herausgegeben von Werner Jost und Joost de Geest. it 1254

Florenz. Lesarten einer Stadt. Herausgegeben von Andreas Beyer. Mit zahlreichen Illustrationen. it 633

Florida. Reisebuch. Herausgegeben von Katharina Frühe und Franz Josef Görtz. Mit zahlreichen Abbildungen. it 1492

Theodor Fontane: Jenseit des Tweed. Bilder und Briefe aus Schottland. Mit zahlreichen Abbildungen und einem Nachwort herausgegeben von Otto Drude. it 1066

Georg Forster: Reise um die Welt. Herausgegeben und mit einem Nachwort von Gerhard Steiner. it 757

Frankfurt. Reisebuch. Herausgegeben von Herbert Heckmann. Mit zahlreichen Abbildungen. it 1438

158/1/8.92

Literatur und Reisen im insel taschenbuch

Manuel Gasser: Spaziergang durch Italiens Küchen. Mit Bildern von Manfred Seelow. it 391

Johann Wolfgang Goethe: Italienische Reise. Mit vierzig Zeichnungen des Autors. Herausgegeben und mit einem Nachwort versehen von Christoph Michel. it 175

– Tagebuch der Italienischen Reise 1786. Notizen und Briefe aus Italien. Mit Skizzen und Zeichnungen des Autors. Herausgegeben und erläutert von Christoph Michel. it 176

– Tagebuch der ersten Schweizer Reise 1775. Goethes letzte Schweizer Reise. Mit den Zeichnungen des Autors und einem vollständigen Faksimile der Handschrift, herausgegeben und erläutert von Hans-Georg Dewitz. it 300/375

Dietmar Grieser: Wiener Adressen. Ein kulturhistorischer Wegweiser. it 1203

Hamburg. Ein Städte-Lesebuch. Herausgegeben von Eckart Kleßmann. it 1312

Victor Hehn: Olive, Wein und Feige. Kulturhistorische Skizzen. Herausgegeben von Klaus von See unter Mitwirkung von Gabriele Seidel-Leimbach. Mit farbigen Abbildungen. it 1427

Heidelberg-Lesebuch. Stadt-Bilder von 1800 bis heute. Herausgegeben von Michael Buselmeier. it 913

Heinrich Heine: Briefe aus Berlin. Herausgegeben von Joseph A. Kruse. it 1322

– Italien. Mit farbigen Illustrationen von Paul Scheurich. it 1072

Hermann Hesse: Mit Hermann Hesse durch Italien. Ein Reisebegleiter durch Oberitalien. Mit farbigen Fotografien. Herausgegeben von Volker Michels. it 1120

Mit Hermann Hesse reisen. Betrachtungen und Gedichte. Herausgegeben von Volker Michels. it 1242

Istanbul. Herausgegeben von Esther Gallwitz. Mit Illustrationen von Thomas Allom. it 530

Erhart Kästner: Griechische Inseln. Aufzeichnungen aus dem Jahre 1944. Mit einem Nachwort von Heinrich Gremmels. it 118

– Kreta. Aufzeichnungen aus dem Jahre 1943. Mit einem Nachwort von Heinrich Gremmels. it 117

– Die Lerchenschule. Aufzeichnungen von der Insel Delos. it 57

– Ölberge, Weinberge. Ein Griechenland-Buch. Mit Zeichnungen von Helmut Kaulbach. it 55

– Ölberge, Weinberge. Die Stundentrommel vom heiligen Berg Athos. 2 Bände in Kassette. it 55/56

158/2/8.92

Literatur und Reisen im insel taschenbuch

Erhart Kästner: Die Stundentrommel vom heiligen Berg Athos. it 56

Kunstführer durch Sachsen und Thüringen. Herausgegeben von Katharina Flügel. Mit farbigen Abbildungen. it 1327

Carl von Linné: Lappländische Reise. Mit Zeichnungen des Autors. Aus dem Schwedischen übersetzt von H. C. Artmann unter Mitwirkung von Helli Clervall. it 102

Literarischer Führer durch Schwarzwald und Oberrhein. Ein Insel-Reisebuch. Herausgegeben von Hans Bender und Fred Oberhauser. Mit zahlreichen Abbildungen. it 1330

London. Eine europäische Metropole in Texten und Bildern. Herausgegeben von Norbert Kohl. it 322

Doris Maurer / Arnold E. Maurer: Literarischer Führer durch Italien. Ein Insel-Reiselexikon. Mit zahlreichen Abbildungen, Karten und Registern. it 1071

Doris Maurer / Arnold E. Maurer: Literarischer Führer durch Venedig. Mit farbigen Abbildungen. it 1413

Günter Metken: Reisen als schöne Kunst betrachtet. Erlebtes und Gesehenes aus fernen Ländern. Mit Photographien von Sigrid Metken. it 639

Mit Rilke durch das alte Prag. Herausgegeben von Hartmut Binder. Mit zahlreichen Abbildungen. it 1489

Michel de Montaigne: Tagebuch einer Reise durch Italien. Aus dem Französischen von Otto Flake. it 1074

Sigrun Bielfeldt: Literarischer Führer durch Moskau. Mit zahlreichen Abbildungen. it 1382

München. Ein Lesebuch. Herausgegeben von Reinhard Bauer und Ernst Piper. Mit zahlreichen Abbildungen. it 827

Fred Oberhauser / Gabriele Oberhauser: Literarischer Führer durch Deutschland. Ein Insel-Reiselexikon für die Bundesrepublik Deutschland und Berlin. Mit Abbildungen, Karten und Registern. it 527

Paris. Deutsche Republikaner reisen. Herausgegeben von Karsten Witte. it 389

Ernst Penzoldt: Sommer auf Sylt. Liebeserklärungen an eine Insel. Mit farbigen Zeichnungen des Verfassers. Herausgegeben von Volker Michels. it 1424

Potsdam. Ein Reise-Lesebuch. Herausgegeben von Doris Maurer und Arnold E. Maurer. Mit farbigen Abbildungen. it 1432

Prag. Ein Lesebuch. Herausgegeben von Jana Halamičková. Mit zahlreichen Abbildungen. it 994

Rom. Ein Städte-Lesebuch. Herausgegeben von Michael Worbs. it 921

158/3/8.92

Literatur und Reisen
im insel taschenbuch

Salzburg. Ein Städte-Lesebuch. Herausgegeben von Adolf Haslinger. Mit zahlreichen Abbildungen. it 1326

Schleswig-Holstein. Ein Reiselesebuch. Herausgegeben von Dieter-Alpheo Müller und Fred Oberhauser. Mit zahlreichen Abbildungen. it 1393

Südtirol. Ein literarisches Landschaftsbild. Herausgegeben von Dominik Jost. it 1317

Toskana. Ein literarisches Landschaftsbild. Herausgegeben von Andreas Beyer. Mit Fotografien von Loretto Buti. it 926

Tübingen. Ein Städte-Lesebuch. Herausgegeben von Gert Ueding. Mit zahlreichen Abbildungen. it 1246

Umbrien. Reisebuch. Herausgegeben von Isolde Renner. Mit zahlreichen Abbildungen. it 1491

Venedig. Herausgegeben von Doris Maurer und Arnold E. Maurer. Mit zahlreichen Abbildungen. it 626

Warum in die Ferne? Das Lesebuch vom Daheimbleiben. Eingerichtet von Hans Christian Kosler. it 1332

Die Welt der Museen. Herausgegeben von Joachim Rönneper. it 1493

Westfalen. Ein Reiselesebuch. Herausgegeben von Hans Georg Schwark und Fred Oberhauser. Mit zahlreichen Abbildungen. it 1394

Wien im Gedicht. Herausgegeben von Gerhard C. Krischker. it 1488

158/4/8.92

Kulturgeschichte
im insel taschenbuch

Ernst Batta: Römische Paläste und Villen. Annäherung an eine Stadt. Mit zahlreichen Abbildungen. it 1324

Jean Anthèlme Brillat- Savarin: Physiologie des Geschmacks oder Betrachtungen über das höhere Tafelvergnügen. Ausgewählt, übersetzt und eingeleitet von Emil Ludwig. Mit Holzschnitten der Ausgabe von 1864. it 423

Kai Brodersen: Die Sieben Weltwunder. Philon von Byzanz und andere antiken Texte. Zweisprachige Ausgabe von Kai Brodersen. Mit zahlreichen Abbildungen. it 1392

Goethes Feste. Festliche Texte. Ausgewählt und mit einem Nachwort versehen von Uwe Hebekus. Mit zahlreichen Abbildungen. it 1325

Dietmar Grieser: Wiener Adressen. Ein kulturhistorischer Wegweiser. it 1203

Victor Hehn: Olive, Wein und Feige. Kulturhistorische Skizzen. Herausgegeben von Klaus von See unter Mitwirkung von Gabriele Seidel-Leimbach. Mit farbigen Abbildungen. it 1427

Freia Hoffmann: Instrument und Körper. Die musizierende Frau in der bürgerlichen Kultur. it 1274

Adolph von Knigge: Über den Umgang mit Menschen. Herausgegeben von Gert Ueding mit Illustrationen von Chodowiecki und anderen. it 273

Michael Schroeder: Kleine Wappenkunst. Mit farbigen Abbildungen. it 1281

Was wir gespielt haben. Erinnerungen an die Kinderzeit. Herausgegeben von Ingeborg Weber-Kellermann und Regine Falkenberg. Mit zahlreichen Abbildungen. it 1371

Das Wiener Kaffeehaus. Herausgegeben von Kurt J. Heering. it 1318

166/1/8.92